AI와 아이돌

인공지능총서

인공지능 시대입니다. 기계가 인간의 인지를 대신하고, 사물이 인간을 통하지 않고 다른 사물과 직접 커뮤니케이션합니다. 이에 따른 인간 삶과 문명 변화를 정확히 이해·예측·대응하는 것은 이 시대 우리 모두의 과제입니다. 인공지능총서는 인공지능 기술과 환경의 여러 주제를 10가지 키워드로 정리합니다. 관련 개념과 이론, 학계와 산업계의 쟁점, 우리 일상의 변화를 다룹니다. 인간과 기술의 현재, 미래를 세심히 분석합니다.

일러두기

- 인명, 작품명, 저서명, 개념어 등은 한글과 함께 괄호 안에 해당 국가의 원어를 병기했습니다.
- 외래어 표기는 현행 어문규정의 외래어표기법을 따랐습니다.

AI와 아이돌

이재원

대한민국, 서울, 커뮤니케이션북스, 2025

AI와 아이돌

지은이 이재원
펴낸이 박영률

초판 1쇄 펴낸날 2025년 3월 26일

커뮤니케이션북스(주)
출판 등록 2007년 8월 17일 제313-2007-000166호
02880 서울시 성북구 성북로 5-11
전화(02) 7474 001, 팩스(02) 736 5047
commbooks@commbooks.com
www.commbooks.com

ISBN 979-11-7307-846-0 03500

책값은 뒤표지에 표시되어 있습니다.

차례

사람이 핵심인 아이돌 산업과 AI가 만날 때

외양은 '만찢남'(만화를 찢고 나온 남자)이지만, 여느 아이돌 그룹처럼 노래하고 춤을 추며 대화를 나누는 가상 아이돌 그룹 플레이브. 이들은 2024년 연신 기록을 경신했다. 2024년 8월 발표한 디지털 싱글 '펌프 업 더 볼륨!(Pump Up The Volume!)'이 발매 당일 국내 음원 사이트 멜론의 톱100 차트 1위에 올랐다. BTS, 빅뱅, 엔시티 드림, 세븐틴, 엑소 등 이전까지 톱100 1위를 한 정상급 다섯 팀의 남자 아이돌과 어깨를 나란히 한 것이다(이재훈, 2024). 이어 10월 서울 잠실실내체육관에서 콘서트를 연 플레이브는 티켓 오픈 10분 만에 전석 매진시키며 관객 동원 가능성도 입증했다(홍혜민, 2024).

AI 아이돌 산업은 음원 판매, 콘서트뿐 아니라, 굿즈, 웹툰 등 지식 재산권(IP)을 활용해 다양한 파이프라인으로 확장 가능하다. 플레이브 사례에서 보듯, 일부 마니아층이 향유하는 소수의 문화로 여겨지던 시기를 지나, 주류로 편입하는 데 성공했다. 케이팝 산업의 새로운 흐름을 형성하기 시작한 것이다. 향후 이 분야 산업은 지속적으로 성장할 것으로 전망된다. 글로벌 리서치 기업인 글로벌인포메이션이 시장 조사한 바에 따르면 버추얼 아이돌이나 유튜버와 같은 가상 인플루언서 시장은 2029년 40억 4433만 달러에 이른다(채제우, 2024).

여느 분야와 마찬가지로, 아이돌 산업에서 AI는 더 이상 외면할 수 없는 기술이 되었다. AI 기술로 생산자와 소비자의 경계가 더욱 허물어졌고, 누구나 아이돌 산업 분야에서 생산 활동을 할 수 있게 되었다. AI는 아이돌의 이미지 생산, 음성 재현, 움직임, 작사 작곡 및 안무까지 다방면에 사용될 수 있다. 팬들은 레거시 미디어가 아니라 AI 기반 플랫폼이 훨씬 친숙하며, 스타와 직접 소통하는 등 새로운 방식으로 아이돌 콘텐츠를 소비한다.

'사람'이 핵심인 산업의 숙제, 진정성과 창의성

아이돌 산업은 다른 산업 분야와 달리, '사람'인 '스타'가 곧 '상품'이라는 성격이 강하다. 아이돌은 "노래, 춤뿐 아니라 그 사람(들) 자체가 '대중문화 상품'이 되는 존재"이다(김호영 · 윤태진, 2012, 59쪽). 아이돌이 내놓는 개별 상품이 인기를 얻는 데에는 아이돌에 대한 팬들의 '감정'이 주요 동력으로 작동한다. 개별 음악을 판매하는 것보다, 로커의 '진정성 담론'을 판매하는 게 효과적인 판매

전략인 분야다(Turner, 2014).

아이돌이 육체를 가진 인간이기에 무대에서 발산하는 '매력'과 그에 대한 '이끌림'은 AI 아이돌에게서는 찾기 어렵다. 물론 AI 아이돌은 많은 장점을 갖고 있다. 육체적으로 덜 지치고, 더 많은 곳에 동시에 존재할 수 있다. 나이 들지도 않고, 연애하거나 결혼하지도 않는다. 음주운전, 마약 등 범죄를 저지르지도 않고, 말실수를 할 여지도 적다. 이러한 장점들은 동시에 인간적이지 않다는 점에서 한계로 작용할 가능성이 있다. 이미 완벽하게 만들어진 존재이기 때문에 팬이 감정 이입을 할 가능성이 줄어들 수 있는 것이다. 인간이기에 보여 줄 수 있었던 '무대 뒤'의 진솔한 모습, 음악에 대한 진정성을 어떻게 보여 줄 수 있을까? 가상 인간 로지가 일부러 자신의 가상성을 드러내며 인간이지 않다는 점을 공개하는 것은 일종의 '진정성 담론'을 위한 전략이다(강혜원 · 이재원 · 백지연, 2023).

아이돌 그룹을 제작하는 입장에서는 실재하지 않는 가상의 존재에게 '어떤 매력'을 기획할 수 있어야, 아이돌 산업의 안정적인 상품화 전략을 대신할 수 있을 것이다. 대체로 현재 활동하는 AI 아이돌은 신비함을 포기하는 대신 친근함을 강조하는 방향을 전략으로 취하고 있다. 이세계아이돌은 인터넷 방송 우왁굳이 기획했으며, 플레이브도 인터넷 전문 방송인 아프리카TV나 트위치 등에서 방송을 하며 적극적으로 소통하는 편이다. 이들 AI 아이돌은 아이돌인 동시에 일반인 인플루언서의 성격을 갖고 있다고 볼 수 있다.

기존의 대형 기획사들도 속속 AI 아이돌 산업에 뛰어들고 있지만, 유튜버처럼 정제되지 않은 '날것'의 소통 방식을 어떻게 취할지 숙제일 것이다. 대형 기획사 아이돌은 예능 프로그램도 쉽게 출연하지 않고, 이미지 관리를 하는데 이러한 방식이 AI 산업에는 어울리지 않을 수도 있기 때문이다. 물론, 대형 기획사들도 유튜브의 기획사 채널을 통해 '자컨'(자체 제작 콘텐츠)을 방송하며 아이돌들에게 '제2의 페르소나'를 부여하고 반전의 매력을 보여 주지만, 이는 기획사가 직접 편집을 하기에 '기획 의도'를 전제로 한다.

아이돌 산업에서 '사람'이 핵심이라는 사실은 가수에게만 해당하는 것은 아니다. 아이돌을 만드는 '사람'도 중요하다. 이들의 창의성이 산업을 이끄는 핵심 역량이기 때문이다. 매번 다른 작품을 만들어 내는데, 음악뿐 아니라, 안무, 의상, 메이크업, 패션 등 종합 예술에 가까운 작품을 제작해야 한다. 많은 사람을 투입해 창의적 아이디어를 구체화하고 하나로 모으는 과정에 AI가 개입하게 된다면 과연 제작 담당자들이 좀 더 편안하게 제작할 수 있을까? 혹은 AI가 개입된 결과물은 이미 존재하는 것들의 반복일 뿐일까?

'사람'이 전부라고 해도 과언이 아닐 아이돌 산업에 AI가 접목되며 향후 아이돌 산업의 진정성과 창의성은 어디로 갈지 다각도로 고민이 필요하다. 기술이 모든 것을 해결할 수도 없으며, 수익만 바라보고 뛰어든다고 될 일도 아니다. 아이돌 산업의 속성을 이해하면서도 AI를 '불쾌한 골짜기'로만 바라보지 않고 수용할 수 있는 오픈 마인드가 필요한 시점이다.

이 책의 구성

아이돌 산업이 AI와 접목되며 나타난 변화와 사회 문화적 의미를 분석한다. 기존의 아이돌이 작동되었던 구조인 아이돌-기획사-미디어-팬 간의 헤게모니 변동을 살펴본다. '사람'이 곧 '상품'인 아이돌 산업에서 사람이 아닌 인공지능의 역할이 늘어나며 어떠한 변화가 일어나고 있는지 제작-유통-소비의 순서로 살펴보고, 예상 이슈는 무엇인지 정리하고자 한다.

먼저, 1장 'AI 아이돌의 역사 및 현황'에서는 기존의

'버추얼 아이돌'을 보다 포괄적인 'AI 아이돌' 개념으로 정의하고, 기원과 현황을 살펴본다. 이후 2~8장은 아이돌 산업의 생산(2~5장), 유통(6장), 소비(7~8장) 단계를 차례로 탐색하고자 한다. 9장에서는 위기관리를 돌아본 뒤 10장에서 전반적인 가능성과 한계를 진단한다.

구체적으로 생산 분야는 다음과 같이 정리했다. 2장 'AI 그래픽과 아이돌 비주얼'에서는 AI 그래픽을 통해 가상 인간의 모습이 인간과 구분되지 않을 정도까지 오게 된 현상을 짚고, AI 그래픽과 딥페이크의 경계에서 발생할 문제점은 없는지 살펴본다. 3장 'AI 작곡과 아이돌 음악'은 AI 딥러닝을 통해 작곡에 관한 지식이나 경험이 없어도 곡을 만들 수 있게 된 현실에서 창의성의 영역을 어디까지로 볼 것인지, 저작권 문제는 없는지 진단한다. 4장 'AI 안무와 아이돌 댄스'에서는 케이팝 타 분야에 비해 상대적으로 저작권 인정이 늦은 안무 분야에서 가상 인간이 직접 안무를 구성하거나 아이돌 멤버와 함께 춤 연습을 하고 AI가 안무에 참여하는 등 AI가 안무에 빠르게 개입하고 있는 현실과 이슈를 짚어 본다. 5장 'AI 크리에이티브 디렉터와 아이돌 세계관'에서는 아이돌의 세계관을 담은 스토리 및 콘셉트에 AI를 다룰 수 있는 프로듀서가 등장한 가운데 인간인 프로듀서가 기존의 작업

중 어떤 부분을 AI에 위임하는지 살펴본다.

이어 유통 파트는 6장 'AI 플랫폼과 아이돌 콘텐츠 유통'에서 기존의 매스 미디어가 아니라, 인공지능 알고리즘을 중심으로 작동하는 플랫폼이 아이돌 상품 유통의 주무대로 떠오르는 상황에서, 기획사의 유통 전략을 탐색했다. 소비의 측면에서는 커뮤니케이션 소비(7장 'AI 플랫폼과 팬덤 커뮤니케이션')와 공연 소비(8장 'AI 시각화와 아이돌 공연')로 나눠 살펴봤다. 7장은 유사 사회적 상호 작용을 서비스로 제공하는 플랫폼이 AI 발달과 더불어 아이돌-팬덤 사이의 커뮤니케이션을 강화하고 있는 가운데, 아이돌이 팬들과 소통하는 방식은 기존의 아이돌과 무엇이 다른지 살펴본다. 8장에서는 AR VR을 활용한 대면 및 비대면 공연의 현황을 살펴보고 앞으로 발전 가능성을 탐색한다.

책의 마무리 부분인 9장에는 'AI 시대 아이돌의 위기관리', 10장은 'AI 발전과 아이돌 산업의 가능성 및 한계'로 정리했다. 9장에서는 아이돌의 위기관리에 AI가 사용될 수 있는 가능성을 탐색한다. 사건 사고에서 상대적으로 자유로운 버추얼 아이돌이 처할 수 있는 위기 상황과 대응 방식을 알아본다. 10장에서는 AI와 아이돌의 현황을 종합해 향후 케이팝 아이돌 산업에서의 가능성을 내다보고, 주의할 이슈를 정리했다.

아이돌 산업 종사자 및 예비 종사자에게 AI 접목과 관련한 주요 현황과 이슈를 정리해 향후 미래 지향적인 방향으로 산업이 발전하는 데 도움이 되기를 바란다.

참고문헌

강혜원 · 이재원 · 백지연(2023). 버추얼 휴먼 로지는 어떻게 셀러브리티가 되었는가? : 인스타그램에서의 스토리텔링 전략에 관한 탐색적 연구, ≪방송과 커뮤니케이션≫, 24(3), 34-67쪽.

김호영 · 윤태진(2012). 한국 대중문화의 아이돌(idol) 시스템 작동 방식 : 아이돌 문화 생산·소비의 이중적 구조에 대한 탐색적 연구, ≪방송과 커뮤니케이션≫, 13(4), 45-82쪽.

이재훈(2024.8.21). 플레이브, 올해 멜론 톱100 1위 첫 男 아이돌 그룹…'펌프 업 더 볼륨!'. ≪뉴시스≫. https://www.newsis.com/view/NISX20240821_0002857190

채제우(2024.8.17). 영원히 변치 않는 버추얼 아이돌, MZ 팬들 마음을 사로잡다. ≪조선일보≫. https://www.chosun.com/economy/weeklybiz/2024/08/15/ARTJ2WSVPVDWBOKCCQALQW3INA/

홍혜민(2024.10.6). 플레이브 "10분만 전석 매진, 너무 감사해"... 잠실실내체육관 입성 소감. ≪한국일보≫. https://www.hankookilbo.com/News/Read/A2024100518500000655

Turner, G.(2014). *Understanding celebrity*. 권오현·심성보·정수남 옮김(2018). 『셀러브리티』, 서울: 이매진.

01
AI 아이돌의 역사 및 현황

AI 기술로 활동하는 'AI 아이돌'의 정의를 내리고, 기원과 현황을 살펴본다. 팬데믹이던 2020년대부터 본격화된 AI 아이돌들을 원본의 유무 및 이미지 구현 방식에 따라 유형을 분류했다. 인간의 한계를 넘어 다양한 장점을 갖고 있는 AI 아이돌이 발전하는 데 향후 필요한 법적 윤리적 쟁점을 알아본다.

AI 아이돌의 기원 및 개념

흔히 AI를 활용한 아이돌 그룹이라고 하면 '버추얼 아이돌' 혹은 '가상 아이돌'을 떠올리게 된다. 가상 인간이 가수로 활동한 기원은 1996년 일본 다테 교코로 알려져 있다. 컴퓨터 그래픽으로 제작되어 사이버 공간에서 가수 활동을 했다(이연경 · 김현지 · 박건우, 2022). 우리나라의 사이버 가수 아담(1998)도 비슷한 유형이다.

1990년대 말의 사이버 가수는 새로운 시도 정도였다면, 일본의 하츠네 미쿠(2007)는 오늘날과 같은 가상 아이돌의 가능성을 보여 줬다. 음성 소프트웨어를 기반으로 한 하츠네 미쿠는 '버추얼 아이돌'의 기반을 마련했다(박한하 · 한혜원, 2024). 홀로그램으로 공연을 열었고, 팬의 2차 창작이 활발해 성공 가능성을 보여 줬다.

박한하 · 한혜원(2024)은 '버추얼 아이돌'을 "① 현실에 물리적 원본이 없이 가상 이미지만으로 재현되며 ② 제작사의 체계적인 기획 시스템을 통해서 데뷔한 다수의 구성원으로 ③ 음반과 공연을 중심으로 다매체를 통해서 팬들과 소통하며 팬덤을 형성한 기획형 그룹을 지칭한다"(104쪽)고 정의했다.

본 저서에서는 이들의 정의 중 첫 번째 부분이 지속적으로 변한다는 점에 주목한다. 본 저서에서는 'AI 아이돌'이라는 표현을 사용하고자 한다. AI를 활용한 아이돌 그룹들은 AI 멤버만으로 구성되었으나 실제 사람의 외양으로 재현된 메이브와 같은 그룹도 있다. 반면, 실제 인간이 뒤에서 노래하고 춤을 추지만 겉으로 드러나지 않은 채 애니메이션과 같이 가상성이 높은 모습으로 재현되는 플레이브 같은 그룹까지 그 범위가 넓기 때문이다. 따라서 이 책에서 'AI 아이돌'은 원본의 유무보다는 아바타로 활동하는 아이돌 그룹을 폭넓게 지칭하고자 한다. 즉, AI 아이돌은 첫째, 물리적 원본의 유무와 상관없이 가상 이미지로 재현된 그룹, 둘째, 엔터테인먼트 기획사 혹은 AI 기술 및 플랫폼 기업의 기획으로 만들어지고, 셋째, 음악 기반의 IP 사업을 전개하며, 넷째, 온 · 오프라인을 통해 팬들과 소통하는 그룹으로 정의한다.

국내 AI 아이돌 그룹은 2018년 데뷔한 K/DA가 포문을 열었다(김형은, 2018). 비디오 게임 '리그 오브 레전드'의 챔피언으로 구성된 걸그룹으로, 두 명의 미국인과 두 명의 한국인으로 구성됐다. AI 그룹 메이브는 언론 매체와 인터뷰에서 "저희 멤버 네 명 모두 K/DA 선배님들의 광팬입니다"라고 말하기도 했다(원태영 · 송재민, 2023).

AI 아이돌의 유형

AI 아이돌이 본격적으로 활동하기 시작한 것은 2020년대다. 코로나19 팬데믹이 시작되어 비대면 기간이 길어지고, 사람들은 가상의 세계에 더 빠르게 진입한 시기였다. '앞당겨진 미래'와 같이 어느 틈에 AI 아이돌이 낯설지 않게 되었다. AI 아이돌의 범위가 넓기에 '원본 유무' '이미지 구현 방식'을 기준으로 유형을 분류했다.

먼저, 그룹 에스파는 SM엔터테인먼트가 2020년 내놓은 혼합형 AI 아이돌 그룹이다. 현실 세계 멤버 네 명과 아바타 네 명이 공존하는 메타버스 콘셉트를 내세웠고, 미국 워너뮤직과 계약을 맺고 UN에서 연설을 하는 등 주목을 받았다. SM은 AI에 꾸준히 관심을 갖고 프로젝트를 알리며 준비한 뒤, 대형 기획사로는 처음으로 본격적으로 AI 아이돌 시장에 뛰어들었다.

이듬해 인기가도의 이세계아이돌(이하 이세돌)과 플레이브가 데뷔했다. 이세돌은 인터넷 방송 우왁굳이 기획한 아이돌 그룹으로 공개 오디션을 거쳐 멤버를 선발했다. 이세돌은 웹툰 '마법소녀 이세계아이돌' OST '록다운'으로 음원 사이트 멜론 '밀리언스 앨범'(100만 스트리밍)에 올랐는데 이는 AI 아이돌 중 처음이었다. 플레이브는 MBC에서 독립한 스타트업 블래스트에서 내놓았

표 1-1. AI 아이돌 유형

유형 구분	에스파 (2020)	이세계 아이돌 (2021)	플레이브 (2021)	메이브 (2023)
원본 유무	유(공개)	유 (오디션 참여 캐릭터)	유(비공개)	무
이미지 구현 방식	인간형	애니메이션형	애니메이션형	인간형
유형 구분	**나이비스 (2024)**	**신디에잇 (SYNDI8) (2024)**	**스페이즈 (2024)**	
원본 유무	무	무	유(웹툰 서브 주인공)	
이미지 구현 방식	애니메이션형+인간형	애니메이션형	애니메이션형	

는데, 이세돌과 마찬가지로 실제 가수가 노래하고 춤을 춘다는 공통점이 있다. 플레이브나 이세돌의 '원본'은 흔히 '본체'라 부르는데, 이세돌의 경우 애니메이션 캐릭터는 공개되었으나 플레이브와 마찬가지로 실제 사람이 누구인지는 비공개다.

그룹 메이브는 넷마블의 자회사인 메타버스엔터테인먼트가 카카오엔터테인먼트와 협업해 만든 AI 아이돌로, 데뷔곡 '판도라'가 스포티파이에서 4500만 스트리밍을 돌파하는 등 호응을 얻었다. 메이브는 실제 사람으로 착각될 만큼 이미지를 인간과 유사하게 구현해 낸다. 대체로 애니메이션형으로 구현하는 게 대세인 반면, 메이브는 에스파처럼 사람과 같은 외모를 만들었으나 원본은 공개하지 않았다.

AI 아이돌의 원본은 사람이 아니라 다양한 출처를 활용하는 추세다. 스페이즈의 경우, 인기 웹툰의 '서브 남주'(두 번째 남자 주인공)만 모아놓은 콘셉트로 원본을 웹툰으로 삼았다. SM엔터테인먼트의 나이비스는 '애니메이션형'으로 구현하다 챌린지 영상에서 '인간형'으로 수정해 "어색하다"는 평을 받았다(허나우, 2024).

AI 아이돌의 장점 및 과제

AI 아이돌은 기술의 발전 덕분에 실력이 뛰어나다는 장점이 있다. 최신 기술로 만들어진 아이돌이라는 점에서 멤버의 외모와 가창력, 춤 실력 등은 이상적인 수준에 가깝다. 인간 아이돌과 달리 위기에 노출될 일이 없다. 인성 논란이나 학교 폭력, 마약, 성 추문 등 범죄에 연루될 가능성이 없다. 군대나 연애, 결혼 등 현실적인 문제들도 피할 수 있다. 무엇보다 AI로 구현한 목소리는 시간이

지나도 나이 들지 않는다. 메이브 멤버 마티는 "100년 이상 활동하는 세계 최초의 그룹이 될 수 있다"고 인터뷰하기도 했다.

이제 막 시작된 AI 아이돌 산업에는 당면한 과제들이 있다. 기술이 발전할수록 인간과 유사성이 높아 인간과 구분이 어려울 수 있다. 더구나 인간으로 구성된 아이돌 그룹도 직접 대면으로 만나기보다는, 매개된 재현이 일상적인 존재이다 보니 '인간 아이돌'과 'AI 아이돌'의 구분이 모호해질 우려가 있다. 이는 아이돌의 정체성 문제로 연결될 수 있으며, 팬들은 원본과 진본에 대한 구분이 흐릿해질 수 있다. 인터넷 초창기, 현실 부적응을 우려했던 일이 현실로 나타날 가능성도 무시할 수 없어졌다. 실제 인간과의 구별을 위한 표시 의무화 등 윤리적 가이드라인이 요구되는 이유다. 동시에 여전히 기술 발전이 더 필요하기도 하다. 실시간 렌더링이 보다 완벽하고 자연스럽게 상호 작용을 하기 위해서는 여전히 기술적 발전이 필요하다. 또, AI 아이돌의 법적 지위와 권리 문제가 명확하지 않아 저작권, 초상권, 퍼블리시티권 등에 대한 법적 기준이 필요하다. 여러 숙제가 남아 있지만, AI 아이돌은 향후 셀러브리티 산업의 새로운 분야로 자리잡을 가능성이 크다.

참고문헌

김형은(2018.11.12). KDA: LoL 캐릭터가 가상 걸 그룹이 되기까지. ≪BBC코리아≫. https://www.bbc.com/korean/news-46176102

박한하 · 한혜원(2024). 한국 버추얼 아이돌의 가상성 연구: 〈플레이브〉 를 중심으로. ≪인문콘텐츠≫, (72), 103-126쪽. DOI: 10.18658/humancon. 2024.03.103.

원태영 · 송재민(2023.3.31). 메이브 "한국을 대표하는 '메타아이돌'의 아이콘으로 성장하고 싶다" [이코노 인터뷰]. ≪이코노미스트≫. https://economist.co.kr/article/view/ecn202303140069

이연경 · 김현지 · 박건우(2022). 메타버스를 이용한 버추얼 가수의 유형 제시 및 현황 연구, ≪한국엔터테인먼트산업학회논문지≫, 16(6), 110쪽.

허나우(2024.10.5). "신비한 존재로 남아줘"…실사 느낌 나이비스 '시끌'. ≪뉴시스≫. https://www.newsis.com/view/NISX20241004_0002908773

02
AI 그래픽과 아이돌 비주얼

AI 아이돌의 얼굴과 표정을 실제처럼 생성하는 데 GAN 기술 발전이 주효한 역할을 했다. 명령에 따라 그래픽을 바로 내보내는 실시간 렌더링을 가능하게 하는 언리얼 엔진은 3D 캐릭터와 무대를 구현하게 해 준다. 기술 발전 덕분에 인간과 가상 인간의 경계를 넘나들 수 있지만, 딥페이크 등 범죄로부터 아이돌을 보호해야 한다.

현실성 높이는 GAN 기술

AI 아이돌 메이브는 실제 사람의 머리카락처럼 얇은 가닥을 재현하고 움직임에 따라 이를 포착해 언뜻 보면 실제 인간처럼 보인다. 메이브를 제작한 메타버스 엔터테인먼트는 언론과 인터뷰에서 메이브의 머리카락뿐 아니라, 눈썹, 눈, 피부까지 실감 나게 표현하고자 했으며 시선이나 표정 근육까지 자연스럽게 만들고자 했다고 말했다(최은수, 2023). 해당 인터뷰에서 제작진은 800여 개의 표정을 자동으로 생성하고 계산해 냈다고 설명했다.

2010년대 중반까지만 해도 AI 그래픽 기술은 2D 기반 가상 캐릭터에 머물렀다. 하츠네 미쿠로 대표되는 2D 애니메이션 스타일의 캐릭터가 주를 이뤘다. 이 시기의 AI 아이돌들은 현실감보다는 캐릭터성에 중점을 두었고, 공연에서는 프로젝션 매핑이나 홀로그램 기술을 활용해 2D 캐릭터를 무대에 구현했다.

AI 그래픽이 발전하게 된 것은 핵심 기술인 GAN (Generative Adversarial Network)의 개발 덕분이었다. GAN은 생성자(Generator)와 판별자(Discriminator) 두 개의 신경망이 서로 경쟁하면서 발전하는 구조다. 생성자는 실제와 구분하기 어려운 가짜 이미지를 만들어 내고, 판별자는 이를 진짜와 가짜로 구분하는 역할을 한다. 이 과정을 반복하면서 더욱 정교한 이미지를 생성할 수 있게 된다. 엔비디아(2024)는 "GAN은 복잡한 데이터 패턴을 이해하고 고품질의 결과물을 생성하는 데 뛰어나다. 이미지 합성, 스타일 전이, 데이터 증강 및 이미지 간 번역을 포함한 애플리케이션에 사용된다"고 밝혔다. 2020년 이후에는 StyleGAN3와 같은 고도화된 GAN 모델의 등장으로 인간과 구분하기 어려운 수준의 가상 인물 제작이 가능해졌다.

AI 아이돌은 단지 실제 인간과 유사하게 구현되었기에 인기가 있는 것이 아니다. 음악 방송에 출연하고, 팝업스토어에 등장하고 팬 미팅과 공연까지 해 낸다. 여기에는 게임 엔진이 활용된다. 메이브를 제작한 넷마블 측은 "이용자가 명령을 내리면 즉각적으로 그래픽을 화면에 내보내는 기술"인 '실시간 렌더링'을 가능하게 하는 언리얼 엔진 덕분에 3D 구현을 할 수 있다고 밝혔다(신승원, 2024). 긴 시간을 투입해 영상을 사전에 제작해야 했다면 AI 아이돌은 콘서트는 열 수 없고, 녹화 방송만 할 수 있었을 것이다. 애니메이션처럼 보이는 AI 아이돌 멤버들이 직접 실시간으로 오프라인 공간에서 팬들과 소통할 수 있는 비결은 바로 언리얼 엔진이다.

정리하자면, GAN과 언리얼 엔진은 AI 아이돌 산업에서 각각 다른 방식으로 활용되고 있다. GAN은 주로 AI 아이돌의 얼굴과 표정을 생성하거나, 앨범 재킷 스타일을 변환하고, 뮤직비디오의 특수 효과를 만드는 데 사용된다. 반면 언리얼 엔진은 실시간 가상 콘서트나 메타버스 공연에서 3D 캐릭터와 무대를 구현하고, 관객과의 실시간 상호 작용을 가능하게 하는 데 주로 활용된다는 차이가 있다. 예를 들어 SM엔터테인먼트의 에스파는 GAN 기술로 멤버들의 아바타 얼굴을 생성하고, 언리얼 엔진으로 이를 3D 캐릭터화하여 실시간 공연에 활용하고 있다. 두 기술은 몰입도 높은 AI 아이돌 콘텐츠를 제작하는 데 핵심적인 역할을 하고 있다.

딥페이크 범죄 위험성 및 대책

가상 인간의 모습이 실제 인간과 구분되지 않을 정도까지 기술이 발전하면서, 범죄 위험에 노출된다는 문제점이 발생했다. 국내외 셀러브리티들의 딥페이크 관련 피해가 증가하는데, 여기에는 GAN 기술 발전이 이유로 지목된다.

2023년에는 테일러 스위프트의 얼굴을 합성한 노출 사진이 SNS에서 확산되어 큰 논란이 되었다. 특히 테일러 스위프트의 딥페이크는 유해성 커뮤니티 포챈(4chan)에서 챌린지처럼 이뤄졌다는 점에서 셀러브리티가 무방비로 범죄에 노출되어 있다는 사실을 알 수 있다(Hsu, 2024).

케이팝 아이돌의 얼굴을 도용한 딥페이크 음란물이 제작되어 유포되는 등 범죄에 악용되는 사례도 증가하고 있다. 엔터테인먼트 업계에서도 소속 아티스트 보호를 위한 대책 마련에 나서고 있다. JYP엔터테인먼트는 법무팀을 통해 딥페이크 제작 및 유포자에 대한 법적 대응을 강조하기도 했다(문지연, 2024). SM엔터테인먼트는 팬들이 아티스트의 권익 보호에 참여할 수 있는 '광야 119' 사이트를 신설했다(SM엔터테인먼트, 2023). 해당 사이트에는 2025년 1월 5일 현재 38만 2001건의 다양한 신고와 제안이 이뤄졌다.

이러한 문제들에 대응하기 위해 다양한 기술적, 법적 대응이 시도되고 있다. 기술적으로는 GAN 판별자 기술을 활용해 딥페이크 탐지 시스템 개발을 진행하고 있다(송혜리, 2024). AI 생성 콘텐츠임을 나타내는 워터마크 의무화도 논의 중이다(조성미, 2024). 국내외 기업들은 AI 생성물에 자체 워터마크를 적용하고 있으나, 불법적 생성물이 음지에서 유통되므로 워터마크 표시만으로는 한계가 있을 수 있어 AI 생성물 탐지 기술에 대한 필요성이 제기되는 상황이다(이승우, 2025).

AI 그래픽 기술의 가능성과 과제

AI 그래픽 기술의 발전이 가져올 수 있는 긍정적인 변화도 주목할 필요가 있다. 예를 들어, 부상이나 건강상의 이유, 군 입대 등으로 공연에 참여하기 어려운 아이돌 멤버를 AI로 구현한 아바타가 대체할 수 있을 것이다. 또, 은퇴한 아이돌의 공연을 재현하는 등 새로운 가능성이 열릴 수 있다. 이러한 기술의 활용이 아티스트와 팬 모두에게 음악의 진정성을 되살리는 방안이 될 수 있도록 검토할 필요가 있다.

향후 엔터테인먼트 업계는 AI 그래픽 기술을 보다 다양한 IP 개발에 활용해 새로운 비즈니스 모델을 개발할 수 있을 것이다. 아티스트 보호를 위한 기술적, 법적 대응은 필수다. 실존 아이돌과 가상 아이돌의 협업, 브랜드 협업 등 AI 기술을 활용한 새로운 형태의 시도가 이어질 것으로 예상된다. 이 과정에서 기술 발전과 윤리적 고려의 균형을 맞추는 것이 중요한 과제가 될 것이다.

참고문헌

문지연(2024.8.31). 트와이스도 '딥페이크' 당했다… JYP "상황 매우

심각, 강력 대응". ≪조선일보≫.
https://www.chosun.com/national/national_general/2024/08/31/IOHM6PCOLBAYBML3MBAN5IFKGA/
송혜리(2024.8.31). 얼굴에 비친 그늘, 가짜영상 잡는 단서…탐지기술 어디까지 왔나[딥페이크 두 얼굴④]. ≪뉴시스≫.
https://www.newsis.com/view/NISX20240830_0002869733
신승원(2024.9.12). 플레이브, 메이브... 버추얼 아이돌 뒤에는 '게임 엔진'이 있었다? ≪게임동아≫.
https://game.donga.com/113857/
이승우(2025.1.28). "AI가 만든 콘텐츠 구분한다"…진화하는 워터마크. ≪한국경제≫.
https://n.news.naver.com/article/015/0005087345?sid=105
엔비디아(2024.7.11). 생성형 AI 혁명의 시작, GAN의 배경 이해하기.
https://blogs.nvidia.co.kr/blog/ai-decoded-gan-canvas-app/
조성미(2024.11.24). '인공지능 생성물에 워터마크' AI 기본법…업계, 실효성 '갸웃'. ≪연합뉴스≫.
https://www.yna.co.kr/view/AKR20241122118900017
최은수(2023.2.11). "머리카락 한올까지"…버추얼 아이돌 '메이브' 입덕각인 이유. ≪뉴시스≫.
https://www.newsis.com/view/NISX20230210_0002187841
Hsu, T.(2024.2.5). Fake and Explicit Images of Taylor Swift Started on 4chan, Study Says, *New York Times*,
https://www.nytimes.com/2024/02/05/business/media/taylor-swift-ai-fake-images.html
SM(2023.6.21). 아티스트 권익보호 강화…'광야 119' 사이트 신설.
https://www.smentertainment.com/newsroom/sm-%EC%95%84%ED%8B%B0%EC%8A%A4%ED%8A%B8-%EA%B6%8C%EC%9D%B5%EB%B3%B4%ED%98%B8-%EA%

B0%95%ED%99%94-%EA%B4%91%EC%95%BC-119-%EC%82%AC%EC%9D%B4%ED%8A%B8-%EC%8B%A0%EC%84%A4/

03
AI 작곡과 아이돌 음악

AI 작곡의 확산은 여러 가지 법적, 윤리적 문제를 야기하고 있다. 가장 큰 쟁점은 저작권 문제다. AI가 학습한 기존 곡들의 저작권 처리 문제, AI가 만든 음악의 저작권 귀속 문제 등이 대두되고 있다. AI 작곡과 관련된 저작권 문제를 단계별로 접근할 방안을 정리하고, 바람직한 방향을 모색할 필요성을 제시했다.

AI 작곡의 시스템 도입

AI 작곡 기술은 음악 산업에 혁신적인 변화를 가져왔다. 전통적으로 작곡은 음악 이론에 대한 깊은 이해와 경험, 기술이 필요한 전문적인 영역이었다. 그러나, AI 기술의 발전으로 작곡의 진입장벽이 크게 낮아졌다.

미국의 대표적인 AI 작곡 도구로는 구글의 '마젠타(Magenta)' 프로젝트와 오픈에이아이(OpenAI)의 '뮤즈넷(MuseNet)', 상업용 AI 작곡 플랫폼 '앰퍼 뮤직(Amper Music)' 등이 있다. 특히 구글의 마젠타 프로젝트는 오픈소스로 공개되어 있어 많은 음악가들이 실험적으로 활용하고 있다.

영국의 '주크덱(Jukedeck)'은 2010년대부터 AI 작곡 기술을 개발해 왔으며, 바이트댄스(ByteDance)에 인수되었다. 중국의 텐센트도 AI 시스템을 통해 음악 창작을 시도하고 있다.

AI 작곡은 세 단계로 이루어진다. 첫째, 기존 음악 데이터를 학습하는 단계다. AI는 수많은 곡의 멜로디, 화성, 리듬 패턴을 분석해 음악의 기본 문법을 학습한다. 둘째, 새로운 음악을 만드는 단계다. 학습된 패턴을 기반으로 AI가 새로운 멜로디와 화성 진행을 만들어 낸다. 셋째, 전문 작곡가가 수정하고 편곡하는 단계를 거쳐 최종 곡이 완성된다.

전 세계 기업들이 AI 작곡 기술을 개발하고 있지만, AI가 단독으로 작곡한 곡이 주요 음원 차트에서 큰 성공을 거둔 사례는 아직 찾아보기는 어렵다. 드레이크&위켄드(Drake&Weekend)의 신곡으로 알려진 '하트 인 마이 슬리브(Heart in my Sleeve)'가 틱톡, 스포티파이 등에서 인기를 끌었지만, 빌보드 진입 전 차트에서 취소된 일이 있었다. 해당 곡이 앰퍼 뮤직을 통해 생성되었다는 사실이 알려지고 아티스트의 소속사는 이 곡이 아티스트와 무관하다고 밝혔기 때문이다(Brown, 2023). 이후 대체로 AI는 작곡가의 작업을 보조하는 도구로 활용되고 있으나, 구체적인 활용 방식은 공개되지 않고 있다.

케이팝 산업의 AI 작곡

케이팝(K-pop) 산업에서 AI 작곡가의 곡을 전면에 내세운 시기는 2020년이다. 소녀시대 태연의 동생 하연이 AI 작곡가 이봄의 곡 '아이즈 온 유(Eyes on you)'로 데뷔했다(유지한, 2020). 이봄을 개발한 광주과학기술원 AI 대학원 안창욱(크리에이티브마인드 대표) 교수팀에 의하면 AI와 인간이 함께 작곡하는 경우는 종종 있었으나, AI 작곡만으로 곡을 발표한 세계 최초의 사례다.

케이팝 산업에서 AI 작곡을 대하는 입장은 조심스럽다. AI를 활용하더라도 공개하거나 저작권자로 등록하지는 않는 편이다. 자칫 창의성이 떨어진다는 오해를 받을 수도 있고, 혹시 모를 저작권상의 논란을 피해야 하기 때문이다.

전 세계 팬덤을 보유한 그룹 세븐틴이 2023년 앨범 발매 행사에서 AI를 활용해 본 경험을 공개한 뒤 모든 음악은 인간이 만든다고 발표한 사례가 대표적이다. 멤버 우지는 취재진 앞에서 작곡 당시 AI를 가지고 "실험해 봤다"고 밝혔다. 멤버 우지는 행사에서 "AI를 활용해 곡을 만드는 연습을 했다. 기술에 대해 불평하기보다는 기술과 함께 발전하고 싶기 때문"이라고 말했다. 이후 자신의 인스타그램에 "세븐틴의 모든 음악은 인간 창작자가 작사 및 작곡합니다"라고 밝혔다. 외신에서도 케이팝의 'AI 실험' 성공 여부에 궁금증을 자아내는 상황이다(로튼, 2024).

수많은 히트곡을 낸 김형석 작곡가는 AI 작곡의 시대라는 점을 받아들여야 한다고 공개적으로 움직이는 입장이다. 그는 작곡 공모 심사에 참여한 뒤 1위 곡이 AI 곡이라는 사실을 뒤늦게 알게 되었다. 2024년 봄 이러한 사실을 자신의 SNS에 공개하며 "이걸 상을 줘야 하나 말아야 하나… 그리고 이젠 난 뭐 먹고 살아야 하나, 허허…"라는 글을 남겼다. 김형석은 이후 영국 옥스퍼드대학교 강연에서 "인공지능이 창작 패러다임을 바꾸고 있다는 것은 부정할 수 없는 사실이지만, 인간의 독특한 창작 능력을 대체하기보다는 보완하고 지원하는 방향으로 시너지를 만들 수 있다고 생각한다"고 밝혔다(이태수, 2024).

AI 작곡의 쟁점, 저작권 문제

AI 작곡의 확산은 여러 가지 법적, 윤리적 문제를 야기하고 있다. 가장 큰 쟁점은 저작권 문제다. AI가 학습한 기존 곡들의 저작권 처리 문제, AI가 만든 음악의 저작권 귀속 문제 등이 대두되고 있다.

일례로 한국음악저작권협회는 2022년 가수 홍진영의 '사랑은 24시간' 등 AI 작곡가 이봄의 곡 6곡에 대해 저작권료 지급을 중단했다. 이봄이 AI라는 사실을 인지한 뒤 저작권을 인정할 수 없다고 공표한 셈이다. 현행 저작권법 제2조 1항에 따르면 '저작물'은 "인간의 사상 또는 감정을 표현한 창작물을 말한다"고 규정되어 있다(국가법령정보센터). '인간'이 아닌 '인공지능'을 창작의 주체로 인정할 수 없다는 것이다. 지니뮤직은 AI 스타트업 주스를 인수한 지 2년 만에 매각했는데, 그 이유로 "AI 음악 관련 저작권법의 미비, AI 음악 시장의 미성숙으로 AI 음악 창작 사업 추진이 어려워져"라고 밝혔다(변인호, 2024).

해외에서도 AI 작곡에 대해 저작권을 어떻게 바라봐야 할지 의견이 분분하다. 미국에서는 2023년 AI가 생성한 이미지의 저작권 보호 여부를 두고 법적 논쟁이 있었다. 미국 저작권청은 창의성을 저작권의 핵심으로 보고, AI 생성물은 저작권 대상이 아니라고 봤다(임대준, 2023). 그러나 미드저니로 그린 그림을 만화로 등록하는 등 변화도 감지된다. 프랑스 음악저작권협회는 AI 작곡가 에이바(AIVA)를 저작권자로 인정했다(임유경, 2023).

AI 작곡 저작권의 단계별 적용

AI 작곡가와 관련된 저작권 문제는 단계별로 적용할 필요가 있다. 이다영(2024)에 따르면 AI 작곡의 저작권은 창작 이전 단계, 창작 단계, 기타 부문으로 나누어 적용할 필요가 있다. 첫째, 창작 이전 단계는 수많은 곡을 학습하는 '데이터 학습 단계'라고 볼 수 있다. 학습 대상이 되는 데이터를 복제하고 전송하게 되기 때문에 저작권 침해를 살펴봐야 한다. 둘째, 창작 단계에는 AI 작곡가를 창작자로 인정할지, 곡의 소유권은 누가 갖는지 등이 쟁점이다. 셋째, AI 음악을 이용하고 공유할 때 발생할 수 있는 표절 문제이다.

각 단계별 저작권 쟁점을 해결하기 위해서는 폭넓은 맥락에서 AI 작곡가의 저작권 문제에 접근해야 한다. AI 작곡가가 창작 이전 학습하는 데이터의 저작권이 잘 지켜지는지 확인하는 문제는 쉽지 않다. 각 저작권자가 자신의 저작물이 학습 데이터로 사용되었다는 것을 파악하기도 어렵고, 이를 증명해야 하기 때문이다(이대희, 2024). 그러나, 증명하기 어렵다는 이유로 저작권 침해에 손을 놓고 있을 수도 없고, 기술 발전을 외면할 수도 없다. 흐름상 AI 작곡이 늘어나는 추세를 막기는 어려워 보이기 때문이다. 에이바를 저작권자로 인정한 프랑스와 같은 사례가 다른 나라에서도 추가로 이뤄진다면, 케이팝 산업 역시 대응이 필요하다. 김찬동 한국저작권위원회 법제연구팀장은 "이해관계자들의 양보와 타협 통해서 기술 발달에 대응해야 할 때"라고 밝혔다(남해인, 2023).

먼저 AI 작곡의 윤리적, 법적 가이드라인을 확립할 필요가 있다. 저작권 보호, 공정한 수익 분배, 창작자 권리 보호 등에 대한 명확한 기준도 필요하다. AI를 활용하면서도 음악의 본질적 가치와 예술성을 잃지 않도록 하는 균형 잡힌 접근을 할 수 있도록 음악 산업 관계자들의 합의와 소통이 요구된다.

케이팝 아이돌 음악에서 AI 작곡의 활용은 새로운 가능성과 도전을 동시에 가져올 것이다. AI의 효율성과 인간의 창의성이 조화롭게 결합한다면, 더욱 다양하고 혁신적인 음악이 탄생할 가능성도 있다.

참고문헌

국가법령정보센터(2025). 저작권법 제2조.
https://www.law.go.kr/%EB%B2%95%EB%A0%B9/%EC%A0%80%EC%9E%91%EA%B6%8C%EB%B2%95/%EC%A0%9C2%EC%A1%B0

남해인(2023.5.28). 1분 만에 노래 '뚝딱' 만드는데…'이봄'에게 저작권 없는 까닭은. ≪뉴스1≫.
https://www.news1.kr/it-science/general-it/5060083

메간 로튼(2024.7.11). 뮤비 제작, 작사까지… K팝의 'AI 실험'은 성공할 수 있을까? ≪BBC뉴스 코리아≫.
https://www.bbc.com/korean/articles/cjr4e5n10zvo

변인호(2024.12.6). 지니뮤직, AI 스타트업 주스 매각. ≪IT 조선≫.
https://it.chosun.com/news/articleView.html?idxno=2023092129231

유지한(2020.10.8). 소녀시대 태연 동생, 세계 최초 'AI 작곡가' 곡으로 데뷔. ≪조선일보≫.
https://www.chosun.com/economy/science/2020/10/08/

MGJQX7FY6ZFP7JNFHWFP6E3YLE/
이다영(2024). 작곡 AI의 현재와 쟁점에 따른 국내 음악저작권 논의방향 연구, ≪대중음악≫, 33, 241~274.
이대희(2024.8.1). [미국] 음악 생성 AI 모델에 대한 저작권 소송과 학습데이터 이용의 공정이용 여부 주장. [이슈리포트 2024-24], 한국저작권위원회.
https://www.copyright.or.kr/information-materials/trend/the-copyright/view.do?brdctsno=53225
이태수(2024.7.8). 작곡가 김형석, 한국어 교육 위해 英옥스퍼드에 1천400여곡 사용 허락. ≪연합뉴스≫.
https://www.yna.co.kr/view/AKR20240708072700005
임대준(2023.8.22). 미국 법원 "AI 생성물은 저작권 대상 아냐"... 저작권청 입장 확인. ≪AI타임스≫.
https://www.aitimes.com/news/articleView.html?idxno=153036
임유경(2023.1.5). 작곡 좀 하는 AI, 근데 저작권은 누가 갖지? ≪이데일리≫.
https://m.edaily.co.kr/News/Read?newsId=03375126635474768&mediaCodeNo=257
Brown, A.(2023.7.26). LA Times Today: Inside the panic over AI music. *LA Times.*
https://www.latimes.com/00000189-92f4-df49-abdd-baf474d20000-123

04
AI 안무와 아이돌 댄스

구글 등 세계적 기업이 AI 안무 서비스를 제공하지만 아이돌 댄스에 적용하지 못하는 이유를 살펴봤다. 케이팝 인기의 핵심인 댄스를 구성하는 안무 저작권이 아직 제대로 인정받지 못하는 상황을 짚었다. 향후 AI 안무가 아이돌 산업에 사용될 수 있는 분야를 제안했다.

아이돌 산업에서 안무의 중요성 및 가능성

케이팝 산업에서 안무는 음악만큼이나 중요한 요소로 자리 잡았다. '칼군무'라는 표현으로 대표되는, 아이돌 그룹 멤버들이 호흡을 맞춰 함께 추는 춤은 케이팝에서 빼놓을 수 없는 특징이다. 댄스 안무는 뮤직비디오의 시각적 매력을 책임지는 특징이다. 외국인 팬들은 뮤직비디오를 보고 케이팝에 유입되고, 함께 춤을 추는 각종 댄스 챌린지를 소셜 미디어에 올리며 케이팝 유통에 기여한다. 특히 '킬링 파트'로 불리는 핵심 안무 동작은 유튜브, 틱톡 등 소셜 미디어를 통해 밈(meme)이 되면서, 안무는 곡의 성공을 좌우하는 핵심 요소라 해도 과언이 아니다.

AI 기술은 안무를 만들어 내는 데까지 나아가고 있다. 케이팝에서 몇몇 시도는 있었으나 뚜렷한 결과물은 찾기 어렵다. 안무를 만들어 내는 AI 기술은 이미 세계적 기업들에 의해 개발된 상태다. 구글의 아트앤컬처는 '리빙 아카이브: 인공지능과 안무 창작하기(Living Archive: Creating Choreography with Artificial Intelligence)' 서비스를 운영 중이다. 공연 기획자이자 안무가 웨인 맥그리거(Wayne McGregor)가 25년간 공연에서 선보인 100시간 분량의 공연을 학습해 웨인 스타일로 안무를 구성한다(권현주, 2019). 페이스북(현 메타) 역시 AI 리서치(FAIR) 연구진이 2020년 음악에 맞춰 안무를 내놓을 수 있는 서비스를 개발했다. 그러나 "인간 안무가를 대체하려는 것이 아니라 안무 창작 과정에서 안무가의 창의성을 끌어올려 시너지를 내기 위한 것"이라고 강조했다(윤영주, 2020). 글로벌 기업들은 'AI 안무가'가 '인간 안무가'를 위협하는 존재로 보이지 않도록 조심스러운 입장이다.

그럼에도 시대가 흐르며 AI에 대한 수용성이 높아지고, AI 안무도 조금씩 실험되고 있다. 국내에서 AI 안무를 적극적으로 받아들인 분야는 의외로 발레다. 국립발레단은 2023년 'KNB 무브먼트 시리즈 8'의 '피지컬 싱킹+AI' 무대를 AI 안무 시스템을 활용해 창작했다. 구글의 '리빙 아카이브'가 무용수의 동작을 인식한 뒤 자연스러운 연결 동작을 추천해 주면 이를 반영해 무대를 만들어낸 것이다. 이영철 국립발레단 발레 마스터는 '리빙 아카이브'가 추천해 준 동작들이 무용수가 구현하기 어려운 것도 있었지만 안무 창작에 보조적인 수단으로는 활용할 만하다고 소감을 밝혔다(강애란, 2023).

케이팝 분야에서 AI 안무는 아직 창작보다는 원본과의 유사성을 검증하는 시스템 정도로 활용된다. 예컨대,

투비소프트는 커버 댄스(케이팝 댄스를 모방한 댄스)가 원본과 어느 정도 유사한지 비교할 수 있는 AI 안무 인식 기술을 활용해 앱을 개발했다(양귀남, 2024). 그러나 이는 AI 안무를 인식하는 정도에 그칠 뿐, AI 창작에 대해서는 상당히 조심스럽다.

AI 안무 저작권에 앞서 해결할 숙제, 안무 저작권

케이팝에 AI 안무를 활용하기 어려운 분위기는 '인간 안무가'의 저작권도 아직 제대로 인정받지 못하고 있기 때문이다. 케이팝이 태동하던 2000년대 초만 해도 '백댄서'라는 표현을 사용하며 춤을 뒤에서 돕는 일시적인 역할로 치부했고, 이런 관행은 여전히 계속되었다. 작사 작곡과 달리 안무는 그동안 창작물로 인정받을 수 있는 절차를 갖추지 못했다. 저작권을 등록할 단체도 없어, 안무가가 안무를 만들고도 창작에 대한 권리는 인정받지 못했다.

한국저작권위원회(2024)에 의하면 안무 역시 저작권법 제4조 제1항에 의거, 인간의 창작물이기에 연극이나 무용처럼 연극저작물에 해당된다. 안무가 저작물로 인정을 받으려면 유기적으로 연결되는 연결성, 노래를 표현하는 창작성이 있어야 한다. 안무 저작권을 부여할 때 주의할 점이 있다. 안무 저작권은 특정한 동작을 특정한 사람이 독점하도록 허락하는 것이기 때문에, 사소한 동작이나 댄스의 기본 스텝 등은 저작물이라고 인정하지 않는다. 하지만 개별 동작이더라도 독창적으로 연결하고 종합한다면 저작권이 부여될 수 있다.

안무 저작권 문제는 2024년에야 수면 위에 올라왔다. 클론의 '꿍따리 샤바라' 안무를 사용한 KB금융그룹이 안무를 만든 클론 멤버 강원래에게 뒤늦게 저작권료를 지급한 게 안무 저작권 인정의 첫 사례다(이미나, 2024). 강원래는 안무 저작권료 전액을 한국실용무용학회에 기부했다. KB금융그룹은 안무 저작권료를 강원래에게 지급하는 데서 그치지 않고, 음원 수익 중 마스터 권리자, 즉 제작자 앞으로 발생한 음원 수익금도 기부하며 자세를 낮췄다(이주혜, 2025). 허락받지 않고 안무를 베끼던 관행에 처음으로 제동을 건 셈이다. 또, 그룹 아일릿이 그룹 뉴진스의 안무를 표절했다는 논란이 제기된 뒤, 이 문제는 국정 감사에까지 등장하며 공론화되었다.

안무 저작권을 인정받기 위한 안무가들의 집단 행동도 바탕이 되었다. 리아킴 원밀리언 댄스 스튜디오 공동대표는 케이팝 인기로 외국에서 많은 팬들이 댄스를 배

우리 한국을 방문하지만, 정작 안무가는 저작권료 수입이 '0원'이라는 점을 강조했다(이은영, 2024). 리아킴은 한국안무저작권협회를 만들었다. BTS, 세븐틴 등의 안무를 만든 안무가 최영준 프로듀서와 현대 무용 전공자인 정의준 대표는 안무 지적재산권(IP) 유통을 하는 스타트업을 만들었다(남미래, 2025).

문화체육관광부는 2024년 말 『안무 저작권 안내서』를 발표했다. 해당 안내서를 작성한 김찬동 저작권위원회 법제연구팀장은 "안무 저작자 결정이 어렵고 저작권에 대한 안무가들의 인식이 낮다. 저작권자를 어떻게 특정할 것인지 기준이 필요하다"고 밝혔다(최수문, 2024). 앞으로 등록 시스템 유형 분류를 개선해 안무 저작권 등록을 활성화하고, 안무 계약 관행을 개선하기 위해 공정한 기준을 제시할 것을 제안하는 내용이 담겼다. 안무 저작권이 인정받기 위해서는 안무 저작물을 관리할 단체도 필요하다.

AI 안무의 활용 가능성

AI 기술은 안무 창작과 학습 과정에 혁신적인 변화를 가져올 것으로 전망된다. 먼저, 안무가의 보조적 수단으로 활용하는 것이다. AI 안무 시스템의 작동 방식은 다음과 같다. 우선 시스템은 수천 개의 댄스 영상을 학습하여 기본적인 동작 패턴과 연결 방식을 이해한다. 다음으로 주어진 음악의 템포, 리듬, 분위기를 분석하여 적절한 동작을 선택하고 조합한다. 이때 머신 러닝 알고리즘은 동작의 자연스러운 흐름과 난이도를 고려하여 최적의 안무 시퀀스를 제안한다. AI 안무가 케이팝 안무 데이터를 학습하여 음악의 비트와 멜로디에 맞는 새로운 동작을 제안해 안무가가 짧은 시간 안에 많은 사례를 접하게 도와주고, 영감이 떠오르지 않을 때 사용한다.

AI 안무를 만들어 내는 작업뿐 아니라, 가상 트레이너로서 역할도 할 수 있다. 아이돌 멤버의 동작을 실시간으로 분석해 정확도를 평가하고 피드백을 하는 등 아이돌 훈련에 이용할 수 있다. 거울에 AI를 탑재해 멤버별 동작을 학습시키고, 수정할 부분을 정교하고 빠르게 짚어 내는 데 활용해 볼 만하다.

더불어 가상 댄서의 구현에 AI를 이용할 수도 있다. 모션 캡처 기술과 AI를 결합해 실제 댄서의 움직임을 가상 캐릭터에 자연스럽게 적용할 수 있게 되었는데, AI 아이돌뿐 아니라 가상 댄서가 늘어날 가능성도 있다. 다만, 인간의 일자리를 AI가 대체한다는 점에서 이제 막 권리를 찾으려는 케이팝 댄서들의 반발을 살 가능성이 크다.

AI 안무의 쟁점은 창의성과 예술성이다. 현재의 AI는 기존 동작의 조합과 변형에는 능숙하지만, 완전히 새로운 스타일이나 혁신적인 동작을 창조하는 데는 한계가 있다. 또한 케이팝 안무의 중요한 요소인 감정 표현이나 스토리텔링을 AI가 얼마나 효과적으로 구현할 수 있을지도 의문이다.

이러한 변화 속에서 중요한 것은 AI 안무의 법적, 윤리적 기준을 확립하는 것이다. 안무 저작권 보호, 공정한 수익 분배, 창작자 권리 보호 등에 대한 명확한 가이드라인이 필요하다. 또한 AI를 활용하면서도 케이팝 댄스의 본질적 가치와 예술성을 유지할 수 있는 균형 잡힌 접근이 요구된다.

참고문헌

강애란(2023.7.1). 인공지능으로 창작한 발레…“포즈 입력하면 연계 동작 찾아주죠”. ≪연합뉴스≫. https://www.yna.co.kr/view/AKR20230630145900005

권현주(2019.11.23). [이슈] 패션과 안무가 인공지능을 만나면...? ≪인공지능신문≫. https://www.aitimes.kr/news/articleView.html?idxno=14740

남미래(2025.1.8). BTS, 세븐틴 등의 안무를 짠 스타 안무가 최영준 총괄 BTS 춤 대박나도 수익 ‘0’…‘백조의 호수’처럼 안무IP 산업 열린다. ≪머니투데이≫.

https://n.news.naver.com/article/008/0005138250?sid=101
양귀남(2024.8.1). [더벨]투비소프트, 대만서 'AI 안무 분석 기술' 선봬. ≪머니투데이≫.
https://m.mt.co.kr/renew/view.html?no=2024080113119678218
윤영주(2020.8.26). 음악에 맞는 춤 동작 알아서 '척척'...AI가 안무도 만든다. ≪AI타임스≫.
https://www.aitimes.com/news/articleView.html?idxno=131742
이미나(2024.10.9). [단독] '꿍따리 샤바라' 강원래, '안무 저작권' 첫 인정받았다. ≪한국경제≫.
https://n.news.naver.com/article/015/0005041924?sid=102
이은영(2024.3.18). [Interview] 유튜브 구독자 2600만 명 보유 '원밀리언 댄스 스튜디오' 공동 대표 리아킴. "세계 안무가들이 찾는 K댄스 반짝 인기 넘으려면 저작권 인정 必", ≪조선비즈≫.
https://economychosun.com/site/data/html_dir/2024/03/15/2024031500002.html
이주혜(2025.1.7). KB금융, '꿍따리 샤바라' 음원 수익금 전액 초록우산에 기부. ≪뉴시스≫.
https://n.news.naver.com/article/003/0013001555?sid=101
최수문(2024.12.31). '안무'도 K팝 열풍 주역…문체부, 저작권 보호 속도낸다. ≪서울경제≫.
https://n.news.naver.com/article/011/0004434370?sid=103
한국저작권위원회(2024.9.12). 수요자 중심의 맞춤형 찾아가는 저작권, 교육저작권 e-배움터에서 알아보는 안무 저작권의 이해. ≪저작권배움터≫. 2024년 7~8월호, 제357호.
https://m.blog.naver.com/kcc_press/223581382386
Google Art&culture. Living Archive: Creating Choreography with Artificial Intelligence.

https://artsandculture.google.com/story/living-archive-creating-choreography-with-artificial-intelligence-studio-wayne-mcgregor/1AUBpanMqZxTiQ?hl=en

05
AI 크리에이티브 디렉터와 아이돌 세계관

케이팝에서 세계관이 갖는 중요성을 환기하고, AI 아이돌의 세계관 구성 방식을 살펴봤다. 아이돌 그룹의 다양한 멤버와 활동 분야를 아우르는 세계관 설정에 AI가 이용될 가능성을 탐색했다. 스토리 구조의 학습과 정합성 검토 등 보조적 수단으로 사용되고 최종 완성은 인간의 손에 맡겨야 할 것으로 전망된다.

아이돌 세계관의 의미

케이팝 산업에서 아이돌 그룹의 세계관은 케이팝 고유의 특징이 되었다. 세계관은 여러 시리즈로 제작된 영화의 일관성을 유지하기 위해 고안된 스토리텔링 방식이다. 로즈(Rose)의 『콘텐츠의 미래』(2010)에 따르면 처음으로 세계관을 만든 영화 〈스타워즈〉는 흥행에 성공하며 여러 편이 나온 뒤에야 각 영화를 연결하기 위해 세계관을 만들었다. 그러나 이제 세계관은 여러 버전이 등장할 수밖에 없는 트랜스 미디어 스토리텔링 시대에 필수적으로 구축해야 하는 것으로 자리 잡았다.

케이팝의 세계관은 단순한 마케팅 전략을 넘어 팬덤을 형성하고 유지하는 핵심 요소로 자리 잡았다. BTS의 '화양연화' 시리즈를 비롯해 EXO의 초능력자 설정, 에스파의 메타버스 세계관 등은 팬들의 몰입도를 높이고 지식재산권(IP)으로서 가치를 창출한다. 무엇보다 세계관은 콘텐츠에 오래 머물게 만들어 팬덤의 충성도를 높이는 데 필수적이다.

케이팝의 세계관도 〈스타워즈〉처럼 전체를 아우르는 세계를 창조하는 데까지 시간이 걸렸다. 2020년 인간 멤버와 아바타로 구성된 에스파가 등장하며 에스파의 세계관이 팬들에게 강력히 전파되었는데, 에스파의 세계관 구축 전에도 각 아이돌의 세계관은 종종 존재했다. 에스파의 세계관은 에스파의 스토리뿐 아니라, SM엔터테인먼트가 20여 년간 각 아이돌 그룹에 구축한 세계관을 연결한 'SMCU(SM Culture Universe)'와 관련이 있다. SMCU 팀과 인터뷰를 한 이태수(2022)에 의하면, SM은 메타버스에 줄곧 관심을 가졌다. S.E.S.의 '드림스 컴 트루(Dreams Come True)'(1998) 뮤직비디오에는 가상 세계가 등장하며, 보아의 데뷔곡 '아이디 피스비(ID; PeaceB)'(2000)는 '나만의 네트워크 세상'을 강조했다. 세계관을 만드는 팀은 각 아이돌 그룹끼리 세계를 어떻게 연결할지 고민하며 에스파의 인간 멤버와 아바타가 하나가 되는 '광야'라는 공간을 설정했다.

BTS의 히트곡을 다수 작곡한 피독은 BTS 세계관을 만들 때 〈스타워즈〉에서 모티브를 얻었다고 밝혔다(민경원, 2018). 히트곡을 만드는 것도 중요하지만 프로듀서는 곡 하나하나가 어떤 메시지를 전할지 알고, 음반의 전 과정을 통제할 수 있어야 한다고 봤다. 멤버들이 직접 작사한다는 점도 세계관 구축에 도움이 되는데, 이는 '진정성'을 브여 주기 때문이다. 기획사에서 전문 작사가와 작곡가가 만들어 일방적으로 아이돌이 훈련해 선보여 왔던 과거의 방식은 아이돌 그룹을 기능적으로 보이게 만들었던 면이 있었다. 그러나 BTS처럼 기획사와 함께 구축한 세계관도 멤버들이 참여해 구현해 내면서, 세계관이 '만들어졌다'는 이미지를 내포하기보다는 곧 'BTS 자체'처럼 보이게 되었다. 이들이 '러브 유어셀프(Love yourself)'를 부르고 UN에서 연설하는 장면은 청년들에게 용기를 불어넣었다.

AI 아이돌의 세계관

AI 아이돌은 가상의 존재인 만큼 기존의 아이돌 그룹보다 세계관 구축에 더 적극적이다. 이들의 세계관은 현실과의 연관성을 강조한다는 공통점이 있다. 가상의 존재이기 때문에, 세계관은 가상보다는 현실에 기반을 둬 팬들에게 가까이 다가가고자 하는 것이다.

SM엔터테인먼트의 나이비스는 SMCU의 연결성을 담보하는 세계관을 설정했다. 가상 인간인 나이비스는 1세대 아이돌 팬들의 PC 통신 기록을 학습해 태어났다. 나이비스는 그룹 에스파 세계관 속 '리얼 월드'와 '디지털 월드'를 연결하는 '포스'를 여는 능력을 갖춘 조력자로 설정됐다.

AI 그룹 메이브는 각자의 페르소나에 세계관을 부여했다. 각 멤버들은 다른 지역에서 '첫 기억'을 갖고 모였는데, 세계 각국, 각기 다른 계절 감각을 설정했다. 예컨대, 멤버 시우는 2022년 제주도의 봄바람 속 유채꽃 냄새, 제나는 2021년 프랑스 파리의 눈 내리는 추운 겨울, 타이라는 2022년 미국 캘리포니아 해변, 마티는 2021년 인도네시나 자카르타의 태양을 기억한다고 인터뷰에서 밝혔다(원태영 · 송재민, 2023). 가상 인간이기에 자유롭게 창작할 수 있는 세계관은 아시아, 미주, 유럽으로 지역을 골고루 설정할 수 있고, 계절도 다양하게 경험한 것으로 그려냈다.

기존의 세계관을 차용해 AI 아이돌로 탄생시킨 사례도 있다. 그룹 스페이즈는 웹툰 서브 남주 출신으로 모였다는 설정이다(함상범, 2024). 오리지널 캐릭터 서태일을 제외한 4명의 멤버는 모두 웹툰 캐릭터다. 각자의 웹툰 세계에서 서브 남주였던 도민성, 니단, 페르데릭, 마대협은 가요계에서는 '메인 남주'가 되고 싶다는 세계관을 구성했다.

세계관 설정 시 AI 이용 전망

아이돌 그룹의 세계관 설정이란 곧 몰입할 수 있는 스토리텔링의 창작을 뜻한다. 이야기 구성에 AI가 쓰이면서 기획사의 세계관 설정에도 활용될 것이다. 그러나, 대체로 세계관을 만드는 과정이 공개되지 않아 AI를 보조적으로 사용하리라고 상정하는 정도다. 케이팝 기획사들은 아이돌 제작 과정을 비밀에 부치는 경우가 많은데, 이는 치열한 아이디어 경쟁의 시장에서 보안은 필수라고 여기기 때문이다. 심지어 최근에는 녹음실이나 헤어-메이크업-패션 등 과거 외부에서 해결하던 제작 과정을 인하우스로 돌린 기획사들이 많은데, 이 또한 보안이 주요 이유다.

세계관을 구현해 내는 크리에이티브 디렉터는 아티스트의 전반적인 브랜드 아이덴티티와 콘셉트를 총괄하는 역할을 수행하는데 AI는 보조적으로 사용될 것이다. 이들은 아이돌 그룹의 전체적인 이미지와 방향성을 설정하고, 앨범별 콘셉트를 기획하며 세계관과 밀접한 관계를 갖고 활동한다. 앨범 재킷 디자인을 비롯해, 뮤직비디오 콘셉트와 연출 방향 설정, 의상과 메이크업, 헤어스타일 등의 비주얼 스타일링이나, 무대 디자인과 공연 연출까지 관여한다. 여기에 더해 프로모션 방향성 설정, SNS 콘텐츠 전략 기획, 팬덤 소통 전략 수립 등 마케팅 영역까지 아우른다. 다양한 업무 중 소셜 미디어 데이터 분석을 통한 팬 반응 모니터링이라든가, 이미지 생성 AI를 활용한 콘셉트 이미지 초안 제작, 해외 팬 커뮤니케이션을 위한 번역 지원 등 세계관을 유지하는 데 필요한 비교적 가벼운 영역에는 사용한다.

향후 AI는 세계관을 만들고 진화하는 작업에 폭넓게 활용될 수 있다. 글로벌 콘텐츠 트렌드를 종합적으로 분석하고 팬과 경쟁사를 분석하고 예측하는 데 시간을 단축해 세계관을 현실에 맞게 조율할 수 있다. AI의 방대한 학습을 기반으로 콘셉트 제안, 이미지 생성 등 비주얼 이미지와 영상의 시안 제작, 세계관 설정의 정합성 검증도 가능할 것이다.

AI의 활용은 당분간 인간 크리에이티브 디렉터의 의사결정을 보조하는 수준에 머물 것으로 예상된다. 창의성과 직관, 문화적 맥락의 이해가 필요한 세계관의 설정은 인간의 영역에 남을 가능성이 크다. AI가 크리에이티브 디렉팅을 하는 경우 몇 가지 우려 사항이 있기 때문이다. AI가 제시하는 세계관은 기존 콘텐츠의 단순한 조합에 그칠 수 있다. 케이팝 특유의 문화적 맥락이나 감성을 AI가 완벽히 이해하고 반영하기는 어렵다. 저작권 문제도 있다. AI가 학습한 콘텐츠의 저작권, AI가 생성한 세계관 요소들의 권리 귀속 문제가 명확하지 않다. 따라서 AI는 데이터 분석과 반복적인 작업을 효율화하는 도구로서 가치가 있다. 도구로 활용한다면 크리에이티브 디렉터는 시간을 절약하고 더 창의적인 의사결정에 집중할 수 있게 되리라 전망한다.

참고문헌

민경원(2018). 『K팝 메이커스(K-Pop Makers)- K팝의 숨은 보석, 히든 프로듀서』. 북노마드.

원태영 · 송재민(2023.3.31). 메이브 "한국을 대표하는 '메타아이돌'의 아이콘으로 성장하고 싶다". [이코노 인터뷰]. ≪이코노미스트≫. https://economist.co.kr/article/view/ecn202303140069

이태수(2022.7.10). '에스파 세계관' 빚는 장인들…"SM 사옥에 비밀 설정집 있죠". ≪연합뉴스≫. https://www.yna.co.kr/view/AKR20220708056500005

함상범(2024.9.29).'서브 남주'의 반란…버추얼 아이돌 스페이즈, 30일 데뷔. ≪스포츠서울≫. https://www.sportsseoul.com/news/read/1465050

Rose, F.(2010). *The Art of Immersion*. 최완규 옮김(2011). 『콘텐츠의 미래』. 책읽는수요일.

06
AI 플랫폼과 아이돌 콘텐츠 유통

인공지능 알고리즘이 주도하는 플랫폼 세상에서 케이팝 아이돌 콘텐츠의 유통 방식이 달라졌다. 쇼트폼 중심의 콘텐츠 구성, 기획사 자체 제작 콘텐츠 생산 등은 기획사의 헤게모니 장악에 도움이 된다. 동시에 지나친 취향화로 음악의 다양성이 부족할 수 있다는 점을 염두에 두고 플랫폼 유통을 다변화해야 한다.

케이팝 음악 유통 축의 이동

케이팝 콘텐츠 유통 환경이 급격히 변화하고 있다. 과거 TV, 라디오와 같은 전통적인 매스 미디어가 주도하던 음악 콘텐츠 유통은 이제 유튜브, 틱톡, 스포티파이와 같은 AI 기반 플랫폼으로 중심축이 이동했다. 이들 플랫폼의 핵심 경쟁력은 개인화된 추천 알고리즘으로, 사용자의 취향과 행동 패턴을 분석하여 최적화된 콘텐츠를 제공한다.

특히 쇼트폼 플랫폼의 부상은 아이돌 콘텐츠 유통 전략에 큰 변화를 가져왔다. 틱톡의 쇼츠, 유튜브의 쇼츠, 인스타그램의 릴스 등에 밈(meme)이 오르고 확산되는 방식이 케이팝 콘텐츠의 새로운 음원 유통 및 프로모션 방식이 되었다. 블랙핑크의 로제와 팝스타 브루노 마스가 함께 발표한 곡 '아파트(APT.)'가 대표적 사례다. '아파트'는 술 게임에서 아이디어를 얻어 발표된 뒤, 쇼트폼 형태의 챌린지와 밈이 곡의 인기를 견인했다. 2025년 1월 초 빌보드 핫 100 차트 5위를 기록하며 자체 최고 성적을 경신했다(이현파, 2025). 빌보드 핫 100 차트는 스트리밍, 라디오 방송 횟수, 음원 판매량 등을 기준으로 히트곡을 선정한다는 점에서 '아파트'가 미국에서 얼마나 인기를 끌었는지 확인할 수 있다. 로제의 틱톡은

2025년 1월 12일 현재 하루 만에 10만 명의 팔로워가 늘어나 5000만 팔로워를 확보했다(케이팝레이더, 2025).

틱톡이나 인스타그램, 유튜브는 AI 알고리즘을 통해 전 세계 사용자들에게 콘텐츠를 빠르게 추천해 준다. 이들 플랫폼은 첫째, 콘텐츠 추천, 둘째, 협업 필터링 방식을 기본으로 한다.

구체적으로 첫째, 콘텐츠 기반 필터링은 사용자가 이전에 좋아하거나 관심을 보였던 콘텐츠의 특성을 분석하여 유사한 콘텐츠를 추천하는 방식이다. 예를 들어 특정 케이팝 그룹의 영상을 자주 시청했다면, 해당 그룹이나 유사한 콘셉트의 다른 그룹 영상을 추천한다. 둘째, 협업 필터링은 비슷한 취향을 가진 다른 사용자들의 행동 패턴을 분석하여 추천하는 방식이다. 사용자 A와 비슷한 시청 패턴을 보이는 사용자 B가 좋아한 콘텐츠를 사용자 A에게 추천하는 식이다. 이때 '좋아요', 시청 시간, 댓글 작성, 공유 등 다양한 상호 작용 데이터가 활용된다.

틱톡은 자사 블로그를 통해 '포유(For You)' 피드가 사용자의 '좋아요', 공유, 팔로우와 같은 직접적인 상호 작용과 함께, 동영상의 해시태그, 캡션, 배경 음악 등의 콘텐츠 정보를 분석한다고 밝혔다. 이는 사용자가 관심을 보인 콘텐츠의 특성을 파악하여 유사한 콘텐츠를 제안하는 방식이다.

인스타그램은 공식 발표를 통해 '탐색' 탭의 콘텐츠가 사용자가 팔로우하는 계정들의 활동과 사용자가 이전에 상호 작용한 게시물을 기반으로 추천된다고 설명했다. 이는 유사한 관심사를 가진 사용자들의 행동 패턴을 참고하는 방식으로 이해할 수 있다.

유튜브는 딥러닝 기반의 추천 시스템을 사용한다고 공개했으나, 구체적인 작동 방식은 공식적으로 공개하지 않는다. 유튜브크리에이터아카데미에서 설명한 바에 따르면 유튜브의 알고리즘은 "시청자를 따라가는 것"이라고 설명하고 있다. 즉, 시청자가 플랫폼에 오래 머물게 알고리즘을 구성한다는 것이다.

케이팝 기획사의 새로운 플랫폼 전략

케이팝 기획사들은 AI 알고리즘이 주도하는 플랫폼을 적극적으로 이용하고 있다. 먼저, '쇼트폼 퍼스트(Short-form First)' 전략이다. 이용자들의 영상 소비 방식 변화를 적극적으로 수용해 각 음원마다 쇼트폼을 생성해 내는 데 주력한다. 쇼트폼은 플랫폼 소비자를 음악 소비자로 전환해 충성도 높은 팬을 만들어 낼 수 있는 마중물이 되기 때문이다. 핵심 안무를 15초 분량으로 재편집하여 틱톡에 공개하는 방식은 AI 알고리즘이 선호하는 짧은 분량의 콘텐츠를 통해 바이럴 효과를 극대화할 수 있게 된다. 하이브가 2022년 연차 보고서를 통해 쇼트폼 플랫폼을 활용한 팬 참여형 마케팅을 강화하고 있다고 밝힌 이유다.

둘째, '플랫폼 맞춤형 콘텐츠' 제작이다. 플랫폼별 AI 알고리즘을 고려해 차별화된 콘텐츠를 제작해 유통한다. 유튜브에는 길이가 긴 영상과 쇼츠의 두 가지 버전을, 이미지 중심으로 소비하는 속성의 인스타그램에는 릴스, 쇼츠, 카드 뉴스 등 비주얼 중심의 콘텐츠를, 틱톡에는 챌린지용 쇼트폼 콘텐츠를 제공하는 식이다.

셋째, '실시간 데이터 기반 유통 최적화'다. 플랫폼별 알고리즘이 콘텐츠에 어떻게 적용되는지 실시간으로 모니터링해 이를 콘텐츠 유통에 적용한다. AI 분석 도구를 사용해 각 플랫폼에서의 콘텐츠 성과를 모니터링한 결과를 바탕으로 콘텐츠 업로드 시간, 해시태그 전략, 섬네일 디자인 등을 최적화한다.

넷째, '팬 참여형 콘텐츠 확산' 전략이다. AI 알고리즘이 기본적으로 이용자의 이용 기록을 기반으로 한다는 점에서 팬의 이용 기록을 활성화할 수 있도록 콘텐츠를 유통한다. 기획사들은 팬들이 직접 제작한 2차 창작물이 AI 알고리즘을 통해 자연스럽게 확산되도록 유도한다. 예컨대, 팬들의 커버 댄스, 리액션 뮤직비디오, 팬 아트 등은 알고리즘이 선호하는 '참여형 콘텐츠'로 인식되기 때문이다.

AI 플랫폼 다변화는 기획사의 수익구조를 다각화해 줬다. 유튜브는 광고 수익이나 멤버십 프로그램, 슈퍼챗 등으로 수익을 발생시킨다. 틱톡은 브랜디드 콘텐츠에 효과적이므로 브랜드와의 협업에 적합하고, 라이브 스트리밍 수익도 거둘 수 있다. 스포티파이는 스트리밍 수익뿐 아니라 플레이리스트 프로모션으로, 팬 커뮤니티 플랫폼은 구독제 기반으로 멤버별로 선택해 구독할 수 있는 만큼 개인별 수익 구조 창출에 효과적이다.

대형 음반사, 레거시 미디어인 신문이나 방송, 음원 사이트에 음악 유통이나 음악 관련 콘텐츠의 유통을 맡길 수밖에 없던 과거와 비교해 크게 변한 점은 무엇일까? 바로 기획사가 직접 만든 콘텐츠를 직접 유통하며 엔터테인먼트 산업 시장의 헤게모니를 쥘 수 있다는 점이다. 가수 윤종신은 2015년 국제콘텐츠콘퍼런스 강연에서 '월간 윤종신'을 발행하며 미디어 브랜드로 자리 잡은 경험을 들려줬다(윤종신, 2015). 레거시 미디어에서 음악을 유통할 때에는 하루 만에 성패가 결정 났지만, 매달 유튜브에 신곡을 발표하자 자신의 곡들이 아카이빙되어 팬 중심의 가수에서 그 자신이 하나의 플랫폼으로 거듭날 수 있었다는 것이다.

케이팝 산업 주체를 둘러싼 헤게모니의 측면에서, 기획사들은 유튜브에 '자컨'(자체 제작 콘텐츠)을 제작, 유통하며 각 아이돌을 기획사가 원하는 모습으로 재현해 낸다. 예컨대, 그룹 세븐틴은 자컨 '고잉 세븐틴'을 통해 팬들에게 친구처럼 다가가면서도 범접할 수 없는 호화로운 생활을 드러낸다(이진민, 2024). 레거시 미디어와 상관없이 기획사의 의도대로 영상을 제작, 유통하며 아이돌의 이미지를 구축해 나가는 것이다.

AI 중심 유통의 한계 및 가능성

AI 플랫폼 중심의 유통 환경은 기획사의 수익 확대에 기여하지만, 넓게 보면 우려가 생긴다. 이용자의 알고리즘 의존도가 높아지면서 특정 아이돌의 콘텐츠가 확장되는 데는 드움이 되지만, 전반적으로는 콘텐츠의 다양성이 감소할 우려가 있다. 기획사가 새롭고 도전적인 방향으로 창의성을 발휘하기보다는 AI가 선호하는 특정 유형의 콘텐츠만 제작하게 될 수 있기 때문이다. 플랫폼의 알고리즘 변화도 변수다. 끊임없이 알고리즘을 변경하는 플랫폼의 특성상, 어제는 확실했던 콘텐츠 노출 전략이 오늘은 더 이상 효과가 없을 수도 있다. 이런 이유로 팬덤 관리를 안정적으로 하기 어려워질 수 있다.

플랫폼이 데이터를 수집하는 과정에서 발생할 수 있는 데이터 프라이버시 문제도 중요하다. AI 플랫폼들은 '좋아요' 등 감정 표현, 시청 기록, 댓글, 공유 등 사용자의 상세한 로그 데이터를 수집하는데, 이는 프라이버시 침해 우려를 낳는다. 특히 미성년 팬들의 데이터 보호 문제는 더욱 신중한 접근이 필요하다.

향후 AI 플랫폼 기반의 콘텐츠 유통은 더욱 고도화될 것으로 예상된다. 메타버스 플랫폼의 성장 가능성과 AI 기술의 빠른 발전 등으로 새로운 형태의 콘텐츠 유통도 예상해 볼 수 있다.

참고문헌

윤종신(2015.11.29). [디콘 2015 윤종신 강연] 모바일 시대, 뮤지션으로 살아남는 법. https://www.youtube.com/watch?v=6TOdvQV6B1U&t=47s

이진민(2024.6.7). "팬이 아니어도 본다" 세븐틴이 해낸 '자컨'의 신세계. ≪오마이뉴스≫. https://m.entertain.naver.com/article/047/0002435939

이현파(2025.1.8). 발매 석달 만에... 로제 '아파트', 빌보드 핫 100 차트 신기록 경신. ≪오마이뉴스≫.
https://m.entertain.naver.com/article/047/0002459022
케이팝레이더(2025.1.12). 틱톡 팔로워.
https://www.kpop-radar.com/tiktok

07
AI 플랫폼과 팬덤 커뮤니케이션

플랫폼의 발달로 스타와 팬 사이에 유사 사회적 상호 작용이 늘어났다. 커뮤니케이션이 상품화되며 팬의 능동성이 저하되었다는 비판이 제기된다. AI를 활용한 팬 커뮤니케이션은 '불쾌한 골짜기'를 주의해야 한다. 아이돌의 새로운 페르소나의 모습을 띄거나 놀이의 형식을 차용하는 등의 제안을 했다.

스타-팬 커뮤니케이션의 변화

과거 대중문화 산업에서 스타와 팬의 관계는 TV, 라디오, 잡지 등 일방향적 미디어를 통해서만 형성되었다. 팬들은 정해진 시간에 방송을 시청하거나, 콘서트나 팬미팅과 같은 특별한 행사에서만 아티스트를 만날 수 있었다. 그러나 트위터, 인스타그램 등 소셜 미디어의 발달로 스타와 팬의 소통 방식은 크게 변화했다. 스타들은 소셜 미디어를 통해 일상적인 순간을 실시간으로 공유하고, 팬들의 댓글에 직접 답변하며, 라이브 방송을 통해 즉각적인 상호 작용을 나눌 수 있게 되었다. 이러한 변화는 스타와 팬 사이의 심리적 거리를 좁히고, 더욱 친밀한 관계 형성이 가능하게 만들었다.

이러한 변화는 엔터테인먼트 산업이 배출한 스타들이 일반인 유명인의 소통 전략을 차용하면서 가능해졌다(Turner, 2014). 2000년대만 해도 아이돌 기획사의 소셜 미디어는 회사 차원에서 관리되었으나, 2010년대 중반 이후 아티스트가 직접 소통하기 시작했다. 기획사가 이미지를 통제하기 어려워질 수도 있지만 팬들이 자연스럽고 진정성 있는 모습을 더 좋아하기에 이런 변화가 가능했다. 심지어 스타들은 자신이 기획사의 통제에서 벗어나 자유로워 보인다는 점에서 스스로 소셜 미디어에 감정이나 생각을 드러내기도 했다.

케이팝 아이돌 역시 소셜 미디어로 직접 팬들과 소통하며 친근한 이미지를 구축하며 팬을 확대해 나갔다. 소셜 미디어를 효과적으로 사용한 BTS의 경우, 트위터에 공식적인 행사가 없는 날에는 사적인 대화처럼 보이는 트윗을 발행해 하루도 빠지지 않고 소통하는 전략을 구사했다(이재원, 2021). 수상 이후 팬클럽 아미에게 "축하한다"라며 수상의 주체를 BTS가 아니라, 아미가 되도록 담화 방식을 구성했다. 끊임없는 소통을 통해 서로 연결되었다는 감각은 팬덤 공동체를 넘어서, 스타-팬을 연결하는 공동체를 형성해 낸다.

팬들은 스타와 '유사 사회적 상호 작용(Parasocial Interaction)'을 하며 만족을 얻는다. 유사 사회적 상호 작용이란, 의인화된 동물 캐릭터, 소설이나 드라마, 영화에 등장하는 허구의 페르소나와의 관계에서 실제 인물과 유사한 상호 작용이 일어나는 현상으로 진실성/사실성, 서로 다른 미디어 창구에서의 계속적 재현, 이용 맥락(사회적 시청 등의 여부)에 따라서 그 양상이 달라진다고 여겨졌다(Giles, 2002).

플랫폼 발달과 팬 커뮤니케이션의 변화

아이돌과 팬 사이의 소통 방식이 '유사 사회적 상호 작용'을 강화하는 각종 플랫폼의 개발로 크게 변화하고 있다. 과거 팬 카페나 소셜 미디어를 통한 일방향적 소통에서, 플랫폼을 활용한 개인화된 양방향 소통으로 진화하고 있다. 대표적인 사례가 하이브 자회사인 위버스 컴퍼니의 위버스 서비스와, SM엔터테인먼트의 계열사인 디어유에서 개발·운영하는 버블 서비스다. 버블은 팬이 아티스트의 메시지를 1:1 채팅방에서 수신하고 답장을 보낼 수 있는 구독제 서비스로 시작했다. 위버스 역시 2023년 아티스트-팬 간 대화가 가능한 '위버스 DM'을 유료 서비스로 추가했다(임지우, 2023).

팬들은 이러한 팬 플랫폼 서비스에 가입해 스타와 '관계'를 형성하면서 팬 소비의 대상이 변화했다. 과거 아이돌이나 아이돌의 콘텐츠를 소비하던 팬덤이 '아이돌과의 커뮤니케이션'을 소비하게 되었다(강신규, 2022). 강신규(2022)는 이때 소비하는 커뮤니케이션은 "진짜 커뮤니케이션이 아니며 팬덤을 수동적인 것으로 만든다"(46쪽)고 비판했다. 전통적으로 능동적인 수용자로 저항적이었던 팬덤이 수동적으로 변하고, 팬들 간의 커뮤니케이션도 약하게 만든다는 것이다.

AI 팬 플랫폼의 가능성과 한계

팬 플랫폼에 대한 비판적 견해에도, AI를 활용해 커뮤니케이션 자동화를 이루고자 하는 시도는 계속될 것으로 본다. 첫째, 대화형 서비스의 개인화 고도화에 AI를 활용한다. AI 언어 모델을 활용하여 팬들의 댓글에 맞춤형 응답을 제공하거나, 각 팬의 활동 이력과 선호도를 분석해 아이돌의 어투와 성격을 반영한 답변을 생성하는 방식이다. 특히 다국어 지원 기능을 통해 전 세계 팬들의 자국 언어로 빠르게 번역해 실시간 소통을 하는 등 팬 개인의 취향 맞춤에 AI를 사용한다. 둘째, AI 아바타를 통해 상시 소통한다. 인간과 아바타로 구성된 그룹 에스파가 제페토에 아바타를 위한 '에스파 월드'를 세운 사례가 이에 해당한다(이재훈, 2023). 아바타들은 실제 멤버의 성격과 말투를 학습한 AI 시스템으로 운영되며, 팬들과 실시간 채팅이나 게임을 즐길 수 있다. 셋째, 감정 인식 기술의 활용이다. AI는 팬들의 메시지에 담긴 감정을 분석하여 적절한 공감과 위로를 제공할 수 있다. 예를 들어, 슬픔이나 불안을 표현하는 팬에게는 따뜻한 위로의 메시지를, 기쁨을 표현하는 팬에게는 함께 기뻐하는 반응을 보이는 식이다.

AI 기반의 커뮤니케이션을 활용하면 아이돌의 스케줄

과 상관없이 팬들과 24시간 소통이 가능해진다는 장점이 있다. 또, 각 팬의 특징에 맞는 맞춤식 소통을 할 수 있으며, 글로벌 팬들을 대상으로 번역을 통해 아이돌이 모르는 외국어로도 커뮤니케이션이 원활하게 이뤄진다.

여러 가지 장점에도 불구하고, AI를 커뮤니케이션의 전면에 내세우기는 쉽지 않다. 2020년 위버스 버블과 함께 나타난 유니버스는 엔씨소프트에서 개발해 AI를 적극적으로 서비스에 도입했지만 실패 사례로 꼽힌다. 스타의 목소리를 흉내 내서 가상통화까지 할 수 있게 만들고, 아이돌 아바타를 생성했다. 그러나 도리어 자연스럽지 못한 아이돌의 가상 버전에 팬들의 마음이 식어 2년 만에 서비스를 종료하게 되었다(옥기원, 2022). 로봇이 인간과 유사성이 높아도 어느 순간 거부감을 느낀다는 '불쾌한 골짜기'를 넘는 게 관건일 수 있다. '불쾌한 골짜기' 이론은 1970년 일본의 로봇 공학자 모리 마사히로가 처음 소개했다(여현구, 2017).

그렇기 때문에 AI 기반 커뮤니케이션 서비스를 개발할 때 주의할 점들이 있다. 바로 '불쾌한 골짜기'를 넘을 수 있도록 '진정성'을 보여 줄 수 있느냐는 점이다. AI가 생성한 메시지가 아무리 자연스럽더라도, 이것이 진정한 소통으로 받아들여질 수 있는지에 대한 의문이 제기

된다. AI와의 소통을 하나의 놀이로 받아들이거나, 스타의 또 다른 페르소나로 수용할 수 있도록 세계관을 일관되게 연결해 줄 필요가 있을 것이다.

과도한 몰입으로 감정적 의존도가 증가할 우려도 있다. 24시간 이용 가능한 AI 소통 채널은 팬들의 의존을 야기할 수 있다. 특히 청소년 팬들의 경우, 현실과 가상의 구분이 모호해질 수 있다. 또한, AI 시스템이 수집하는 팬의 개인정보와 로그 데이터가 프라이버시를 침해할 우려도 있다.

따라서, AI를 활용할 커뮤니케이션은 하이브리드 방식이 현실적일 방안이 될 것이다. AI 소통과 실제 아이돌의 직접 소통을 적절히 혼합하여 운영하는 방식이다. 또한, '인간 아이돌'이 아닌 AI 버전의 소통인 경우 이를 명확히 표시하고, 데이터 수집과 활용에 대해 투명하게 공개한다. 나아가 AI 소통의 범위와 한계를 명확히 하고, 과도한 의존을 방지하기 위한 윤리 가이드라인 수립이 마련되어야 할 것이다.

참고문헌

강신규(2022). 커뮤니케이션을 소비하는 팬덤 : 아이돌 팬 플랫폼과 팬덤의 재구성. ≪한국언론학보≫, 66(5), 5-56.

여현구(2017.8.31). 인간과 너무 닮으면 혐오감 느낀다는 '불쾌한 골짜기' 이론. ≪중앙일보≫.
https://www.joongang.co.kr/article/21892899

옥기원(2022.12.2)."흉내낸 아이돌 목소리 불쾌"…엔씨, 2년 만에 유니버스 접는다. ≪한겨레신문≫.
https://www.hani.co.kr/arti/economy/it/1069895.html

이재원(2021.7). 소셜 미디어 사회연결성의 팬덤 공동체 형성에 관한 탐색적 연구 : 방탄소년단 사례를 중심으로, ≪한국콘텐츠학회논문지≫, 21(7), 1-13.

이재훈(2023.11.17). 에스파, 가상현실 소통 계속…제페토에 '월드' 생겼다. ≪뉴시스≫.
https://www.newsis.com/view/NISX20231117_0002525279

임지우(2023.4.24). 위버스, 아티스트와 1대1 대화 서비스 '위버스 DM' 오픈. ≪연합뉴스≫.
https://www.yna.co.kr/view/AKR20230424033100005

Giles, D. C.(2002). Parasocial interaction: A review of the literature and a model for future research. *Media Psychology*, 4(3), 279-305.

Turner, G.(2014). *Understanding celebrity*. 권오현·심성보·정수남 옮김(2018). 『셀러브리티』. 서울: 이매진.

08
AI 시각화와 아이돌 공연

팬데믹을 겪으며 비대면 공연이 확산되어 AR VR 등 AI 기술이 콘서트에 사용되기 시작했다. AI 기술을 사용하여 비대면 공연을 할 때 쟁점은 현장감의 구현이다. 케이팝의 글로벌 팬을 위해 AI 활용 콘서트의 장점이 많다. 다만 공연장의 현장감을 살릴 수 있는 방안을 모색해야 하고, 윤리적 문제에 주의가 필요하다.

AI 활용 공연의 대두

케이팝 공연 산업은 AI 기술과 AR(증강 현실), VR(가상 현실) 기술의 발전으로 새로운 전환점을 맞고 있다. 코로나19 팬데믹을 계기로 비대면 공연의 필요성이 대두되면서, 실감형 기술을 활용한 공연의 발전이 가속화되었다. 이러한 변화는 단순한 기술적 진보를 넘어 공연의 개념과 형식을 근본적으로 재정의하고 있다.

현재 케이팝 산업에서 활용되고 있는 AI 시각화 기술은 다음과 같은 형태로 구현되고 있다.

첫째, AR 기반의 하이브리드 공연이다. SM엔터테인먼트는 'Beyond LIVE' 콘서트에서 실제 아티스트의 공연과 AR 효과를 결합했다. 무대 위에 홀로그램으로 구현된 가상 캐릭터나 오브젝트가 등장하여 아티스트와 상호 작용하는 방식이다. 슈퍼주니어의 '비욘드 라이브' 공연에서 최시원만 무대 뒤에 비현실적인 크기로 등장하는 식이다. 이러한 시도는 물리적 한계를 뛰어넘는 화려한 연출을 가능하게 했다. 예컨대, 2021년 JYP엔터테인먼트의 트와이스는 비대면 콘서트인 '비욘드 라이브-트와이스 월드 인 어 데이'를 갖고 영화 〈백 투 더 퓨처〉에 등장했던 미래형 자동차를 AR로 구현했다. 또, MCC(Motion Control Camera) 시스템을 활용해 멤버 수를 두 배로 늘

리기도 했다(김현식, 2021).

둘째, VR 기반의 몰입형 공연이다. VR 헤드셋을 착용한 팬들은 마치 실제 공연장에 있는 것처럼 공연을 체험할 수 있다. 특히 다양한 시점 전환과 근접 촬영을 통해 오프라인 공연에서는 경험할 수 없는 새로운 관람 경험을 제공한다. 하이브의 경우 2024년 그룹 투모로우바이투게더의 VR 콘서트를 열며 해외 투어도 VR로 계획한다고 밝혔다(이상덕 · 원호섭, 2024). 아이돌을 가까운 거리에서 보는 느낌을 주고, 360도 전방위 공연 영상 구현이 가능하다.

셋째, AI 기반의 실시간 상호 작용이다. 공연 중 팬들의 반응을 AI가 실시간으로 분석하여 무대 연출에 반영하는 기술이다. 예를 들어, 응원봉의 패턴을 AI가 분석하여 무대 조명이나 LED 화면의 효과를 자동으로 변경하는 식이다. 지난 2021년 BTS의 비대면 콘서트 '원(ON:E)'은 오프라인 객석의 응원봉 대신, 온라인 관객들이 화면의 응원봉을 동시에 눌러 숫자로 응원의 뜻을 나타냈었다. 이러한 방식이 무대에 바로 전달된다면 온라인이지만 오프라인 못지않은 커뮤니케이션이 가능할 것이다.

넷째, 메타버스 플랫폼을 활용한 가상 공연이다. 네이

버 제페토나 로블록스와 같은 메타버스 플랫폼에서 아바타로 구현된 아이돌이 공연을 선보이는 방식이다. 팬들은 자신의 아바타를 통해 공연을 관람하고 다른 팬들과 실시간으로 소통할 수 있다. 2022년 비대면으로 진행된 'SM타운 라이브 2022 : SMCU 익스프레스@광야'는 온라인 공연에 아바타를 등장시켰다. 본 공연이 끝난 뒤 애프터 파티에 소녀시대 멤버 효연이 DJ로 등장하고, 참가자들은 메타버스로도 함께 1시간 이상 즐겼다. 고래와 아메바가 날아다니는 메타버스를 영상으로 송출하고, 아바타가 함께 춤을 추며 흥겨운 시간을 보냈다(이재원, 2022).

AI 활용 공연의 쟁점, 현장감

AI를 활용해 공연을 펼칠 때 지속가능성을 담보하려면 현장감을 어떻게 구현하는지가 쟁점이 될 것이다. 가수의 공연에서 팬들이 원하는 바는 오프라인의 현장감이기 때문이다. 한껏 올린 볼륨의 연주와 가창이 공연장에 열기를 주고, 아이돌의 실제 모습을 눈으로 직접 확인할 수 있다는 점 때문에 콘서트장을 향한다. 현장감은 늘 미디어를 매개해 만났던 아이돌의 '날 것' 그대로를 직접 만나고자 하는 팬들의 욕구를 어느 정도 해소해 준다. 과연

AI의 활용이 현장감을 오프라인과 유사하게 구현하거나, 현장감을 넘어서는 장점을 보여 줄 수 있을지가 숙제가 될 것이다.

AI 시각화 기술의 발전은 공연 산업에 여러 가지 변화를 일으켰다. 코로나19 팬데믹으로 새로운 형태의 공연을 어쩔 수 없이 경험한 측면이 있었지만, 예상되었던 미래를 앞당겼다고 볼 수 있다. 관객 입장에서 AI를 활용한 공연, 특히 비대면 공연은 예상치 못한 장점도 있다. 오프라인 콘서트에 비해 상대적으로 티켓 가격이 저렴해 접근성이 높다는 점이다. 아이돌 멤버별 카메라를 선택할 수 있어 '최애'만 부각해 가까이 감상할 수 있다는 점도 장점이다. 그러나, 이러한 장점들은 콘서트가 아닌 방송 프로그램에서도 느낄 수 있다는 점에서 무대 연출의 차별화가 중요할 것이다. 기술 발전으로 실감형 영상이 빠르게 현실화되며 전 세계 어디서나 고품질의 공연을 실시간으로 관람할 수 있게 되었다는 점은 케이팝 아이돌의 활동 범위를 넓혀준다. 전 세계 투어를 펼쳐야 하는 아이들 그룹이 한날한시에 전 세계 팬들을 한꺼번에 만날 수 있다는 경험 역시 현장감을 압도할 가능성도 있다. 기획사 입장에서는 VR 티켓, 디지털 굿즈, 아바타 아이템 등 다양한 수익원이 창출된다. 콘서트를 극장에서 감상하는 방식의 '콘서트 영화'가 새로운 수익 구조를 만들어 낸 사례는 AI와 접목할 가능성을 보여 준다. 블랙핑크의 콘서트 영화는 4DX 상영관에서 선보였는데, 리듬에 따라 의자가 움직이거나 멤버가 춤을 출 때 바람이 나오는 식으로 현장감을 연출해 냈다(이정아, 2024). 대형 공연장에서는 가까이에서 보기 어려운 아이돌 그룹을 눈앞에서 느끼는 듯한 감각을 재현해 준 것이다. 즉, 오히려 현실에서는 구현이 불가능한 화려한 효과와 연출이 가능해졌다.

AI 시각화 공연에는 과제도 남는다. 기술적 한계다. 현재의 VR/AR 기기는 여전히 해상도, 지연 시간, 착용감 등에서 개선이 필요하다. 특히 장시간 착용 시의 피로도 문제는 중요한 해결 과제다. 비용 문제다. 고품질의 AI 시각화 공연을 제작하기 위해서는 막대한 초기 투자가 필요하다. 이는 중소 기획사들의 진입장벽으로 작용할 수 있다. 무엇보다 현장감의 재현에 집중해야 한다. 기술이 발전해도 실제 공연장의 열기와 에너지를 완벽히 재현하기는 어렵다. 특히 관객들과의 호흡, 떼창과 같은 집단적 경험의 구현이 과제로 남아 있다.

앞으로 AI 시각화 공연은 다음과 같은 방향이 자리 잡을 것으로 예상된다. 시각과 청각을 넘어 촉각, 후각 등 감각적 경험을 제공하는 방향으로 발전할 것이다. AI가 팬 개인의 선호도와 관람 패턴을 분석해 개인화된 공연 경험을 만들어 낼 것이다. 팬들이 직접 제작한 시각 효과나 연출 요소를 AI가 빠르게 통합, 적용해 공연에 실시간으로 반영되는 방식이 많이 활용되리라 예상한다.

향후 AI를 활용한 공연이 발전하기 위해서는 기술적 혁신뿐만 아니라, 공연의 본질적 가치를 유지하면서 새로운 가능성을 모색하는 균형 잡힌 접근이 필요하다. AI 시각화 기술은 결국 아티스트와 팬 사이의 감동적인 만남을 더욱 풍성하게 만드는 도구로서 활용되어야 할 것이다. AI 시각화 공연의 발전은 케이팝의 글로벌 영향력을 더욱 강화하는 계기가 될 것이다. 물리적 거리와 시간대의 제약 없이, 전 세계 팬들이 동시에 하나의 공연을 경험할 수 있게 되어 케이팝 공연의 새로운 지평이 열릴 것으로 기대된다.

참고문헌

김현식(2021.10.6). [문화대상 최우수작_콘서트]트와이스 '비욘드 라이브-트와이스 월드 인 어 데이'. ≪이데일리≫. https://n.news.naver.com/article/018/0005052712?sid=103

이상덕 · 원호섭(2024.7.30). 눈앞에서 보듯 K팝 공연 … VR 콘서트 '후끈'. ≪매일경제≫.

https://www.mk.co.kr/news/it/11080705
이정아(2024.8.6). 돌아온 '블랙핑크 완전체'…근데 4D 영화관에서 보는 콘서트라고? [요즘 영화]. ≪헤럴드경제≫. https://n.news.naver.com/article/016/0002346239?sid=103
이재원(2022.3.10). [문화대상 이 작품]시공간 초월…전 세계 팬에 선보인 SM 세계관. ≪이데일리≫. https://m.entertain.naver.com/article/018/0005163529

09

AI 시대 아이돌의 위기관리

아이돌 산업에서 위기는 살아있는 사람 중심으로 일어난다. 스타는 사람이기에 위기 상황을 만들고, 팬은 사람이기에 감정적 반응을 한다. AI 아이돌은 가상이기에 인간으로서 겪어야 하는 위험 부담을 줄여주기도 하지만, 가상이기에 새로운 위기에 처한다. AI를 위기관리 전 단계의 예방 차원에서 사용할 것을 제안한다. 무엇보다 팬의 감정을 존중하는 것이 첫 번째 원칙이어야 한다.

아이돌 산업에서 위기관리의 중요성

아이돌 산업에서 위기관리는 그룹의 성패를 좌우하는 핵심 요소다. 살아 있는 사람이기 때문에 예기치 못한 사건 사고를 일으키게 된다. 사소한 말실수부터 무표정하다는 이유로 '인성 논란'이 일어나기도 한다. 음주 운전이나 마약 도박 등 범죄에 연루될 수도 있고, 학창 시절의 폭행 시비로 크나큰 위기를 맞기도 한다.

케이팝 아이돌의 위기는 문화적 차이로 비롯되기도 한다. 과거 B1A4가 말레이시아의 소녀 팬을 껴안아 소녀가 체포될 위기에 처하기도 했다(한미희, 2015). 공공장소에서 애정 표현을 금하는 이슬람 국가에서 '팬 서비스'가 용인되지 못한 것이다. 대만 출신인 그룹 트와이스의 쯔위도 청천백일기를 흔들었다가 중국의 항의를 받고 소셜 미디어를 통해 "중국은 하나"라고 메시지를 내기도 했다.

이처럼 아이돌 그룹은 살아 움직이는 '사람들'로 구성돼 있다 보니, 엔터테인먼트 기업의 '위기'는 주로 살아 있는 사람과 관련된 것이다. 소비자인 팬은 감정을 소통하고 소비하는 존재다. 감정은 팬덤이 생성되고 강화되는 주요 동인이다(강보라 · 서지희 · 김선희, 2018). 때문에, 케이팝 산업은 돌발 상황이 많고, 작아 보이는 이슈가 커다란 위기로 번지기도 한다. 젠킨스(Jenkins, 2006)가 특히 엔터테인먼트에서는 소비자 의사 결정의 감정적 트대를 이해하고자 하는 '감정 경제(affective economics)'가 중요하다고 강조한 이유가 여기에 있다. 아이돌 그룹의 부정적 이슈를 다루는 커뮤니케이션은 분노, 실망, 슬픔, 증오, 질투와 같은 '감정' 요인을 이해하고 대응하는 소통의 과정(Susskind & Field, 1996)이라고 할 수 있을 것이다.

감정 중에도 애정은 팬이 스타를 바라보고, 충성도 높게 스타와 관련된 각종 콘텐츠, 굿즈, 행사 등 '상품'을 구매하게 만든다. 스타는 자신의 모습 그대로 팬에게 다가가는 것이 아니라 페르소나로, 즉, 사랑을 받을 만한 매력을 가진 존재로 재현된다. '스타 페르소나(star persona)'가 △작품 속 역할(character), △스타의 개성(personality), △팬이 원하는 이미지(image)의 결합이라고 본다면 스타의 위기는 이 셋의 균형이 깨졌을 때 오게 된다(이재원 · 이주현, 2024).

특히 케이팝 아이돌은 기획사가 원하는 방향에서 벗어나거나, 팬들이 원하는 이미지를 벗어날 때 특별한 사건이 없어도 위기를 맞을 수 있다. 가령, 나이가 들든가, 군대에 가든가, 부적절한 발언을 하든가 페르소나에 균

열이 일어나는 게 곧 위기일 수 있다. '사랑의 대상'이다 보니, 기획사들은 '연애 금지 조항'을 내걸기도 하고, 스타도 연애나 결혼을 포기하는 경우도 많다.

일례로 2024년 2월, 그룹 에스파의 멤버 카리나가 배우 이재욱과 공개 연애 사실을 인정한 후 곧 위기로 번진 일이 있었다. 팬들은 카리나의 연애에 '배신'이라는 단어를 사용했다. "왜 배신하기로 했느냐"며 사과를 요구했다. 심지어 카리나가 사과하지 않으면 앨범 판매량이 하락하고 빈 콘서트 좌석을 보게 되리라며 '트럭 시위'를 통해 일종의 '불매 운동'에 나섰다. 결국 카리나는 자필 사과문을 작성해 소셜 미디어에 게시했고, 이재욱과도 결별했다. 카리나의 결별 후 엔터테인먼트 주가의 '반등'을 노린다는 담론(이시은, 2024)에서 볼 수 있듯, 아이돌의 위기는 이제는 감정을 넘어 경제 논리로 번지는 양상을 보인다.

AI 발전과 위기관리 양상의 변화

AI 아이돌은 아이돌 그룹이 인간이기 때문에 직면해야 하는 위기 요소를 상당 부분 제거해 준다. 가상의 존재이기 때문에 나이 들지 않고, 범법 행위를 하거나, 다른 사람과 사랑에 빠지는 '배신' 행위도 하지 않는다. 군대에 가지 않아 활동 공백기도 없으며, 다른 기획사로의 이적

리스크도 거의 없다.

AI 아이돌이 인간이 아니기에 위기에서 자유로워 보이지만, 인간이 아니기 때문에 겪는 위기도 분명히 있다. 그중의 하나가 인간과 시각적 유사성을 무기로 내세울 경우 '불쾌한 골짜기'를 마주하게 될 가능성이 크다는 점이다. 즉, 기존 아이돌과는 다른 형태의 위기가 발생할 수 있다. 실시간 방송 중 시스템 오류나 렌더링 문제 등 기술적 문제가 발생할 수 있고, AI 음성 합성의 오작동이나 부자연스러운 동작이 생길 가능성도 있다. 서버 다운으로 서비스가 아예 중단될 수도 있다. 윤리적인 문제로는 AI의 부적절한 발언이나 행동이 나타날 수 있고, 편향된 데이터를 학습하게 되면 차별적인 말이나 행동을 할 우려가 있다. 또, 실존 인물의 이미지나 음성을 무단으로 활용하는 등의 문제도 나타날 수 있다. 이 밖에도 해킹으로 인한 시스템 조작이나, 딥페이크를 활용한 가짜 콘텐츠 제작 등 보안으로 인해 위기를 맞을 가능성도 크다.

기존의 아이돌 그룹도 '완벽한 무대'만 보여서는 팬의 사랑을 얻기 힘든 상황이기에, AI 아이돌의 숙제가 '완벽한 재현'이 되어서는 안 될 것이다. 도리어 스토리텔링과 소통을 통해 팬의 표현 욕구를 채워주는 편이 나을 것이다. 가상 인간 로지가 자신의 가상성을 숨기지 않고 드러

내는 방식은 마치 아이돌이 '무대 뒤' 대기실을 공개하여 팬들에게 가까이 다가가고자 하는 전략과 유사하다(강혜원 · 이재원 · 백지연, 2023).

새로운 유형의 위기에 대응하기 위해 기획사들은 기술적 대응을 기민하게 해야 한다. 예컨대, 백업 시스템 구축이라든가, AI 모델의 지속적인 학습과 업데이트 등이다. AI와 관련해서는 특히 윤리적인 가이드라인 마련이 시급하다. AI윤리위원회를 설치해 엄격하게 콘텐츠를 검수하고, 개인정보 보호와 공개를 투명하게 해야 할 것이다. 블록체인 기술을 활용해 진위 확인 시스템도 만들 수 있을 것이다.

AI 아이돌과 인간 아이돌 모두 AI를 활용해 평소 위기 전 단계를 감지하고 대응할 수 있다는 점도 장점이다. 실시간 모니터링과 예측 분석을 통한 선제적 위기관리가 가능해졌다는 점이 주목할 만하다. 위기는 사소해 보이는 여론이 확대될 때 불거지기 마련이기 때문에 상시 모니터링이 중요하다. AI 기반 위기관리 시스템은 첫째, 실시간 모니터링에 효과적으로 사용할 수 있다. AI는 소셜 미디어, 뉴스, 커뮤니티 등 다양한 채널에서 아이돌 관련 게시글과 댓글을 수집하고 분석한다. 자연어 처리 기술을 통해 텍스트의 감성을 분석하고, 부정적 여론의 확산을 조기에 감지한다. 특정 키워드의 급격한 증가나 부정적 정서의 확산을 실시간으로 파악할 수 있다. 둘째, 예측 분석이다. AI가 과거 위기 사례의 패턴을 학습해 현재 상황의 심각성을 판단하고 향후 위기로 번질지 여부 등 전개 방향을 예측한다. 이를 통해 기획사는 선제적인 대응 전략을 수립할 수 있다. 셋째, 자동화된 초기 대응 시스템을 구축할 수 있다. 사소한 루머나 허위 정보에 대해서는 AI가 자동으로 해명 자료를 생성하고 배포할 수 있다. 특히 해외 팬들을 대상으로 한 다국어 대응이 신속하게 이루어질 수 있다.

앞으로 AI 아이돌 산업이 지속 가능한 성장을 이루기 위해서는 위기관리 체계의 고도화가 필수적이다. 위기 예방 시스템 구축이다. AI 기술 발전에 따른 새로운 위험 요소 예측 시스템을 통해 선제적 대응 체계를 구축하고, 정기적인 평가가 필요하다. SM의 '광야 119'처럼 팬들의 제보 시스템을 마련하는 등 팬들의 의견을 반영한 위기관리 시스템을 구축하는 것도 한 방법이다. 팬들의 자발적인 위기관리 참여를 유도하고 투명하게 소통하는 것이다. AI 아이돌 운영에 대한 산업 표준을 수립하고 기업 간 협력 체계를 구축할 필요도 있다.

AI 아이돌의 위기관리는 전통적인 아이돌 산업의 위기

관리와는 다른 접근이 필요하다. 기술적 안정성, 윤리적 고려 사항, 팬덤과의 관계 등 다양한 측면을 종합적으로 고려한 체계적인 접근이 요구된다. AI를 사용해도 아이돌 위기관리의 본질은 놓쳐서는 안 될 것이다. 팬덤의 감정과 소비자의 권리를 존중하는 자세가 특히 중요하다.

참고문헌

강보라 · 서지희 · 김선희(2018). 20대 여성 팬덤의 감정 구조와 문화 실천. ≪미디어, 젠더 & 문화≫, 33(1), 5-50.

강혜원 · 이재원 · 백지연(2023). 2023버추얼 휴먼 로지는 어떻게 셀러브리티가 되었는가? : 인스타그램에서의 스토리텔링 전략에 관한 탐색적 연구, ≪방송과 커뮤니케이션≫, 24(3), 34-67.

이시은(2024.4.9). '에스파' 카리나 열애에 흔들리더니…역대급 반등 노린다. ≪한국경제≫. https://n.news.naver.com/article/015/0004970601?sid=101

이재원 · 이주현(2024.4.19). 케이팝 아이돌의 연애는 왜 '위기'인가? - '유사 연애'를 넘어 '계약 연애' 시장으로. ≪한국방송학회 학술대회 논문집≫.

한미희(2015.1.15). B1A4 껴안은 말레이 무슬림 소녀팬 체포 위기(종합). ≪연합뉴스≫. https://www.yna.co.kr/view/AKR20150115057351009

Jenkins, H.(2006). *Convergence culture: Where old and new media collide.* New York: New York University. 김정희원 · 김동신 옮김(2008). 『컨버전스 컬쳐』. 서울: 비즈앤비즈.

Susskind, L. & Field, P.(1996). *Dealing with an angry public.* New York: The Free Press.

10
AI 발전과 아이돌 산업의 가능성 및 한계

케이팝 산업에서 AI 기술의 도입은 제작, 유통, 소비의 전 단계에 걸쳐 혁신적인 변화를 가져왔다. AI는 새로운 가능성을 제시하는 동시에 여러 한계와 도전 과제도 드러내고 있다. 이 장에서는 지금까지 살펴본 AI와 아이돌 산업의 접점을 종합적으로 분석하고, 향후 발전 방향과 주의해야 할 이슈를 정리한다.

케이팝 산업의 AI 도입과 쟁점

케이팝 산업에서 AI 기술의 활용은 이제 거스를 수 없는 흐름이 되었다. AI 기술은 아이돌 산업의 제작, 유통, 소비의 전 단계에서 혁신적인 변화를 가져왔다. GAN과 언리얼 엔진 등의 기술 발전으로 가상 아이돌의 시각적 구현이 정교해졌고, AI 작곡과 안무 생성 기술은 콘텐츠 제작의 새로운 가능성을 열었다. 플랫폼의 AI 알고리즘은 글로벌 팬들과의 소통 방식을 변화시켰으며, AR/VR 기술은 공연의 새로운 형태를 만들어 냈다.

AI 기술이 가져온 가장 큰 변화는 '가상'과 '현실'의 경계가 허물어졌다는 점이다. 에스파의 실제 멤버와 아바타 멤버의 공존, 플레이브와 같은 애니메이션형 AI 아이돌의 성공은 가상 아이돌이 더 이상 틈새시장이 아니라는 것을 보여 준다. AI는 인간의 한계를 뛰어넘는 장점이 있다. 24시간 활동이 가능하고, 여러 장소에 동시 출현할 수 있으며, 나이나 건강의 제약도 없다. 군 입대나 스캔들 등 인간 아이돌이 겪는 위기 상황에서도 자유롭다.

그러나 이러한 장점들이 곧 한계가 될 수도 있다. 완벽함은 오히려 팬들의 감정 이입을 방해할 수 있으며, 인간적인 '불완전함'이 주는 매력과 성장 가능성이 사라질 수 있다. 특히 케이팝 팬덤의 특성상 아이돌과 함께 성장하고 변화하는 과정을 지켜보는 것이 중요한 팬덤 문화의 일부다. AI 아이돌은 이러한 경험을 제공하기 어려울 수 있다.

현재 AI 아이돌 산업이 당면한 과제는 크게 세 가지로 볼 수 있다. 첫째, 진정성의 문제다. AI 아이돌이 아무리 완벽해도 인간적 매력과 감동이 부족하다면 팬들의 지속적인 사랑을 받기 어렵다. 진정성은 단순히 기술적 완성도가 아닌, 팬들과의 정서적 교감과 관련한 문제기 때문이다.

둘째, 기술적 한계다. 실시간 렌더링의 안정성, AR이나 VR 기기의 피로도 등 기술적 완성도를 높여야 한다. 특히 라이브 공연이나 실시간 소통에서 발생할 수 있는 기술적 오류는 팬들의 몰입을 방해할 수 있다. 대형 기획사와 중소 기획사 간의 기술 격차로 이어질 수 있는 문제이기도 하다.

셋째, 윤리적 문제다. AI 학습 데이터의 저작권, 딥페이크 악용 방지, 개인정보 보호 등 법적, 윤리적 가이드라인 마련이 시급하다. 특히 AI 아이돌의 학습 데이터로 활용될 수 있는 기존 아이돌의 이미지나 음성 데이터의 사용 권한과 범위에 대한 명확한 기준이 필요하다.

아이돌 산업과 AI의 접목 가능성을 향해

도전 과제들을 해결하기 위해서는 AI를 인간의 대체가 아니라, 보완의 관점에서 접근해야 한다. AI는 인간의 창의성을 보조하는 도구로 활용되어야 하며, 아이돌 산업의 본질인 감정과 커뮤니케이션을 강화하는 방향으로 발전해야 한다. AI 작곡은 작곡가의 창작을 돕고, AI 안무는 안무가의 영감을 자극하며, AI 플랫폼은 아이돌과 팬의 소통을 더욱 풍부하게 만드는 방식으로 활용되어야 할 것이다.

앞으로 AI 아이돌 산업의 발전 방향은 크게 세 가지로 전망된다. 첫째, 하이브리드화다. 실존 아이돌과 가상 아이돌의 경계가 더욱 모호해지고, 다양한 형태의 융합이 시도될 것이다. 이미 에스파와 같이 실제 멤버와 아바타가 공존하는 모델이 등장했으며, 앞으로는 더욱 다양한 형태의 하이브리드 모델이 등장할 것으로 예상된다.

둘째, 개인화다. AI 기술을 통해 각 팬의 취향과 상황에 맞는 맞춤형 콘텐츠와 서비스가 제공될 것이다. 특히 메타버스 환경에서는 팬들이 자신만의 방식으로 아이돌과 소통하고 콘텐츠를 소비하는 것이 가능해질 것이다.

셋째, 글로벌화다. 언어와 문화의 장벽을 넘어 전 세계 팬들과 실시간으로 소통하는 새로운 형태의 케이팝

이 등장할 것이다. AI 번역과 현지화 기술의 발전은 케이팝의 글로벌 확장을 더욱 가속화할 것이다.

이러한 변화 속에서 기획사들은 새로운 패러다임 전환을 바탕으로 한 새로운 전략을 마련해야 한다. 우선 AI 기술 도입에 대한 명확한 비전과 전략이 필요하다. 단순히 트렌드를 따라가는 것이 아니라, 소속 아이돌과 팬덤의 특성에 맞는 AI 활용 방안을 찾아야 한다. AI 전문 인력의 확보와 육성도 중요하다. AI 기술을 이해하고 이를 엔터테인먼트 산업에 적용할 수 있는 융합형 인재가 필요하다. AI와 관련된 법적 이슈를 담당할 엔터테인먼트 전문 법조인의 중요성도 커질 것이다.

결론적으로 AI 기술은 케이팝 산업에 혁신적인 변화를 가져올 것이나, 이는 양날의 검이 될 수 있다. 기술의 발전이 가져올 기회를 최대한 활용하면서도, 아이돌 산업의 본질적 가치와 인간적 요소를 잃지 않는 균형 잡힌 접근이 필요하다. AI는 도구일 뿐, 결국 팬들의 마음을 움직이는 것은 인간의 창의성과 진정성임을 잊지 말아야 할 것이다. 케이팝 산업이 AI 시대에도 지속적으로 성장하기 위해서는 기술과 인간성의 조화를 이루는 것이 가장 중요한 과제가 될 것이다.

이재원

성균관대학교 컬처앤테크놀로지융합 전공 초빙 교수, 한양대학교 ERICA 실용음악학과 겸임 교수다. '아티스트 브랜딩'(한양대학교 대학원) 과목을 기획, 개설해 운영하고 있으며, '한류 콘텐츠 기획(Korean Wave Content Planning and Development)'(성균관대학교) 과목을 가르치고 있다. 이화여자대학교 신문방송학과에서 학사 및 석사 학위를, 언론홍보영상학과에서 언론학 박사 학위를 받았다. ≪스포츠투데이≫ 기자, ≪스포츠한국≫ 부장, ≪텐아시아≫ 편집장을 지냈다. 저서로는 『알고리듬과 저널리즘』(커뮤니케이션북스, 2021), 『AI와 더불어 살기』(커뮤니케이션북스, 2020), 주요 논문으로 "버추얼 휴먼 로지는 어떻게 셀러브리티가 되었는가?"(2023), "대중음악 오디션 프로그램의 진정성 담론 전략에 관한 탐색적 연구"(2021), "소셜 미디어 사회연결성의 팬덤 공동체 형성에 관한 탐색적 연구"(2021) 등을 KCI에 게재했다. 한국연구재단 학문후속세대(2018), SBS문화재단 미디어 신진학자(2019), 한국언론학회 Journalism & Innovation(2021), 한국방송학회 GS리테일 신진학자(2022) 등에 선정되었다. 청룡시리즈어워즈(2023), 한국문화축제 더케이 빌보드 어워드(2022), '이데일리' 문화대상 콘서트 부문(2015~2022) 등의 심사위원을 지냈다. KBS 한민족방송 〈한민족하나로〉 '심층분석한류'(2019~), SBS 〈열린TV 시청자 세상〉 '집중 이 프로그램'(2023~)에 출연 중이다.